Emili Godes

Fotògraf de la Nova Objectivitat

Photographe de la Nouvelle Objectivité

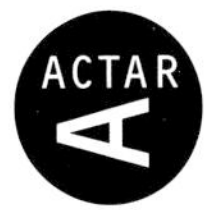

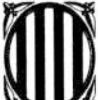

Generalitat de Catalunya
Departament de Cultura

ORGANITZACIÓ
ORGANISATION

Departament de Cultura
Generalitat de Catalunya

Conseller de Cultura
Hble. Sr. Joan Guitart i Agell

Secretària General
Marta Lacambra i Puig

Director General de Promoció Cultural
Jaume Serrats i Ollé

Director General del Patrimoni Cultural
Josep M. Huguet i Reverter

Secretaria de Relacions Culturals
Teresa Bruguera

Delegat d'Arts Plàstiques
Josep-Miquel Garcia

Direcció
Direction
David Balsells

Coordinació
Coordination
Mariona Fernández

Comunicació
Communication
Josep Rigol

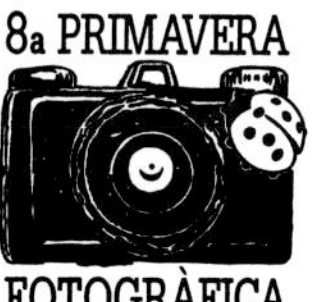

Amb la col·laboració de
Avec la collaboration de

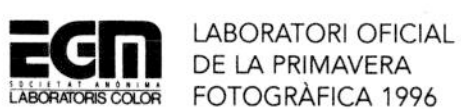

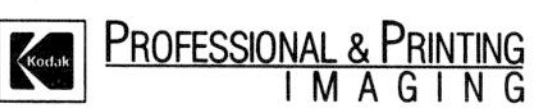

EXPOSICIÓ I CATÀLEG
EXPOSITION ET CATALOGUE

Comissariat
Comissariat
Josep Rigol

Textos catàleg
Textes catalogue
Daniel Giralt-Miracle
Josep Rigol

Traduccions
Traductions
Nathalie Bittoun

Disseny gràfic
Conception graphique
Ramon Prat
Marc Panero

Reproduccions fotogràfiques
Reproductions photographiques
Martín Garcia

Producció
Production
Font i Prat Associats, S.L.

Impressió
Impression
Ingoprint S.A.
Maracaibo 11. Barcelona

Distribució
Distribution
Actar
Roca i Batlle 2-4
08023 Barcelona
Tel. 418 77 59
Fax. 418 67 07

Dip. Legal **B-10861-1996**

Actar
ISBN **84-920718-4-2**
Generalitat de Catalunya
Departament de Cultura
ISBN **84-393-3847-3**

Fotografia de la coberta
Photographie de la couverture
Cactus (fragment). ca 1930.
Col·lecció Fons d'Art
de la Generalitat de Catalunya

Catàleg editat amb el patrocini de
Catalogue edité avec le soutien de

FUNDACIÓ CAIXA DE CATALUNYA

Dans le cadre du
MOIS DE LA PHOTO
À PARIS 1996

Joan Guitart i Agell
Conseller de Cultura

Un dels objectius principals de la biennal Primavera Fotogràfica consisteix a anar a buscar les arrels de la fotografia, és a dir, recuperar els nostres clàssics de l'art de la llum i donar-los a conèixer.

En aquesta edició retem homenatge a una figura cabdal de la fotografia catalana, Emili Godes, l'obra del qual em plau presentar en aquest catàleg que recull el contingut de la seva exposició antològica organitzada pel Departament de Cultura amb motiu del centenari del seu naixement.

Emili Godes produí una nova i meravellosa visió de la Natura, que l'ha consagrat ja com un dels autors més destacats en el context de les propostes europees de la Nova Objectivitat de principis de segle.
Va saber conjugar la seva inquietud científica amb una disciplina artística encara jove per produir una obra que ha esdevingut una lliçó històrica de domini de la tècnica i de força expressiva.

El Departament de Cultura, amb motiu de la Primavera Fotogràfica, ofereix la possibilitat de descobrir i admirar la seva obra a Catalunya, al Centre d'Art Santa Mònica. Posteriorment, el Centre d'Estudis Catalans a París el presentarà en el marc d'un certamen internacional tan prestigiós com és el Mois de la Photo.

És un gran motiu de satisfacció, doncs, contribuir novament al rescat dels mestres de la fotografia catalana i també poder compartir el seu art amb el nombre més gran possible de públic.

Joan Guitart i Agell
Conseller de Cultura

L'un des principaux objectifs de la biennale Primavera Fotogràfica consiste à aller chercher les racines de la photographie, c'est-à-dire, à récupérer nos classiques de l'art de la lumière et à les faire connaître.

Dans cette édition, nous rendons hommage à une personnalité capitale de la photographie catalane, Emili Godes, dont j'ai le plaisir de présenter l'œuvre dans ce catalogue qui recueille le contenu de son exposition anthologique organisée par le Departament de la Culture à l'occasion du centenaire de sa naissance.

Emili Godes rendit une nouvelle et merveilleuse vision de la Nature, vision qui l'a déjà consacré comme l'un des auteurs les plus notoires dans le contexte des propositions européennes de la Nouvelle Objectivité du début de siècle. Il sut allier son inquiétude scientifique à une discipline artistique encore jeune pour produire une œuvre qui est devenue une leçon historique de maîtrise de la technique et de force expressive.

À l'occasion de la Primavera Fotogràfica, le Departament de la Culture offre la possibilité de découvrir et d'admirer son œuvre en Catalogne, au Centre d'Art Santa Mònica. Postérieurement, le Centre d'Estudis Catalans de Paris le présentera dans le cadre d'une montre internationale de grand prestige telle que le Mois de la Photo.

C'est donc un grand motif de satisfaction de pouvoir contribuer une fois de plus à la récupération des maîtres de la photographie catalane, ainsi que de pouvoir partager leur art avec un public le plus nombreux possible.

Josep Rigol

Introducció

L'exposició antològica del fotògraf barceloní Emili Godes esdevé un homenatge esperat i ineludible per als qui hem tingut la sort de conèixer i admirar la seva producció.

La seva ha estat una aportació fins ara poc coneguda i de difusió restringida; per tant, celebrem aquest reconeixement realitzat pel Departament de Cultura de la Generalitat de Catalunya, mitjançant la Direcció General de Promoció Cultural, i amb la col·laboració de la Direcció General del Patrimoni Cultural, coincidint amb l'efemèride del centenari del naixement del fotògraf, que posa a l'abast de tothom, al Centre d'Art Santa Mònica, la seva obra artística.

La Primavera Fotogràfica ha mostrat sempre una clara voluntat de participar en la recuperació i difusió del nostre patrimoni fotogràfic ajudant a edificar la nostra cultura visual. Dins d'aquesta història fotogràfica nostra, l'obra d'Emili Godes ja hi té un lloc preeminent, però avui cal remarcar que, gràcies també a la col·laboració de la Secretaria de Relacions Culturals, aquesta mostra serà exposada al Centre d'Estudis Catalans a París, en el marc del Mois de la Photo, i tindrà una projecció internacional.

Recuperar i estudiar els fotògrafs desapareguts és, a casa nostra, una tasca complicada i difícil. La dispersió o destrucció dels tiratges originals i dels negatius, d'una banda, i el poc interès que aquesta disciplina ha sabut desvetllar entre els historiadors de l'art i els estaments pedagògics, de l'altra, en són les causes principals. Probablement, com s'ha afirmat de vegades, el propi dinamisme concèntric de la creació fotogràfica, incapaç de bellugar-se sense girar sobre si mateixa, ha estat un dels motius d'aquest aïllament. La sola pràctica de la fotografia de creació ha estat considerada, sovint, com una mena de dèria d'esperits sectaris. Per un o altre motiu, en definitiva, poques són les col·leccions d'autors catalans desapareguts que han arribat als nostres dies en bon estat de conservació i correctament documentades.

L'herència d'Emili Godes és una d'aquestes excepcions. M'apresso a dir que la cura i devoció que, durant dècades ha tingut la seva família, han estat exemplars. Cal aprofitar aquesta ocasió i recordar, una vegada més, que el nostre patrimoni fotogràfic no es pot permetre més sacrificis; que és necessari participar, des d'àmbits particulars, en la seva preservació; que cal facilitar-ne la integració i normalització cultural.

Emili Godes, com tants altres artistes de la seva època, fou un autor polifacètic. És el gran de set germans d'una família aficionada a les arts, particularment a la música. Educat en una escola de pedagogia progressista, als quinze anys s'inicia en la fotografia. Des de llavors, Godes compaginarà la seva vida professional amb la recerca artística. Entrà a l'Agrupació Fotogràfica de Catalunya i participà amb èxit notable en concursos internacionals. Un viatge realitzat el 1927 a Còrdova donà com a fruit un excel·lent reportatge de contingut paisatgístic, arquitectònic i social.

Josep Rigol

Introduction

L'exposition anthologique du photographe barcelonais Emili Godes devient un hommage espéré et inexcusable pour ceux qui avons eu la chance de connaître et d'admirer sa production.

Sa contribution a été jusqu'ici peu connue et d'une diffusion restreinte; voilà pourquoi nous nous félicitons de cette reconnaissance réalisée par le Département de la Culture de la Generalitat de Catalunya, à travers la Direction Générale de Promotion Culturelle et avec la collaboration de la Direction Générale du Patrimoine Culturel, qui coïncide avec l'anniversaire du centenaire de la naissance du photographe, et met son œuvre artistique à la portée de tout le monde, au Centre d'Art Santa Mònica.

La Primavera Fotogràfica a toujours fait preuve d'une volonté évidente de participer à la récupération et à la diffusion de notre patrimoine photographique en aidant à bâtir notre culture visuelle. Dans cette histoire photographique qui est la nôtre, l'œuvre d'Emili Godes occupe déjà une place prééminente, mais il faut aujourd'hui signaler que, grâce aussi à la collaboration du Secrétariat de Relations Culturelles, cette montre sera exposée au Centre d'Estudis Catalans de Paris, dans le cadre du Mois de la Photo, et aura une projection internationale.

Récupérer et étudier les photographes disparus représente, chez nous, en Catalogne, une tâche compliquée et difficile. La dispersion ou la destruction des tirages originaux et des négatifs d'une part, et le maigre intérêt que cette discipline a su éveiller chez les historiens de l'art et les milieux pédagogiques d'autre part, en sont les causes principales. Comme on l'a parfois affirmé, il est probable que le propre dynamisme concentrique de la création photographique, incapable de remuer sans tourner sur elle-même, ait été l'un des motifs de cet isolement. La pratique seule de la photographie de création a souvent été considérée comme une sorte de monomanie d'esprits sectaires. Pour une raison ou pour une autre, en définitive, rares sont les collections d'auteurs catalans disparus qui soient arrivées jusqu'à nos jours en bon état de conservation et correctement documentées.

Le legs d'Emili Godes est une de ces exceptions. Je me dépêche d'ajouter que le soin et la dévotion qu'y a investis sa famille pendant des décennies ont été exemplaires. Il faut profiter de cette occasion et rappeler, un fois de plus, que notre patrimoine photographique ne peut plus se permettre de sacrifices; qu'il faut participer, depuis les milieux privés, à sa préservation; qu'il faut en faciliter l'intégration et la normalisation culturelle.

Comme tant d'autres artistes de son époque, Emili Godes fut un auteur éclectique. C'est l'aîné de sept enfants d'une famille attachée aux arts, à la musique particulièrement. Élevé dans une école de pédagogie progressiste, il s'initie à la photo à quinze ans. Dès lors, Godes alliera sa vie professionnelle à la recherche artistique. Il entra à l'Agrupació Fotogràfica de Catalunya et participa avec un succès notoire aux concours internationaux.

El 1929 va viure la construcció de l'Exposició Internacional de Barcelona i va fotografiar-ne les instal·lacions amb un mestratge insuperat: de ben segur que dita experiència seria punt de partida del seu compromís estètic amb la realitat. Fruit immediat de les seves noves inquietuds estètiques, dels seus vincles amb el món de la ciència fou la materialització de la seva meravellosa recerca de la vida natural.

L'exposició, integrada exclusivament per originals d'època, té com a nucli central el llegat artístic més preuat de Godes: la seva sèrie de macro-fotografies d'animals i plantes realitzada al voltant del 1930, considerada referent clau de l'aportació catalana al moviment artístic centre-europeu de la Nova Objectivitat.

Aquesta tendència, recordem-ho, proposava un abandó de la subjectivitat inherent a les formes artístiques de l'època i formulava un nou compromís radical amb la realitat. En aquest sentit, la col·lecció de temàtica zoològica i botànica d'Emili Godes, ens descobreix un artista especial, capaç d'interpretar-nos aquest esperit radical amb una plasticitat colpidora, de gran força compositiva i de característiques subtils i poètiques.

Per la seva singularitat, aquestes imatges són les principals protagonistes de l'exposició, però hem volgut presentar, al mateix temps, una selecció de les seves millors obres de paisatge, de retrat, composicions experimentals i fotografia de cinema. Això ens facilita veure l'evolució de la seva complexa personalitat artística i ens permet situar-la en el context cultural i social del moment. En efecte, el llegat d'Emili Godes té múltiples lectures, perquè integra l'art, la tècnica, la ciència, l'arquitectura, la sociologia, etc.

Emili Godes i Hurtado va morir a Barcelona el 20 de febrer del 1970, als setanta-quatre anys, en plena activitat professional.

Voldria expressar el meu agraïment a aquelles persones que han ajudat a fer possible aquesta exposició. En primer lloc, un profund record de Montserrat Godes, filla gran d'Emili Godes, recentment traspassada, que tant va ajudar-me a conèixer millor l'obra del seu pare i que, dissortadament, no ha pogut veure en vida aquest homenatge.
Al seu espòs, el senyor Enric Cabestany, que, malgrat tot, suportà pacientment les inevitables molèsties originades pel meu treball.
A Maria Rosa Godes, segona filla del fotògraf, que em va impregnar la seva gran admiració per al seu pare i que ha perseverat fins al final en aquest reconeixement.
A Juan Naranjo, especialista lliurat en cos i ànima al patrimoni fotogràfic, per haver posat al nostre abast tot el seu treball sobre l'artista i, finalment, a Daniel Giralt-Miracle, entusiasta i profund coneixedor de l'art i de la fotografia catalana.

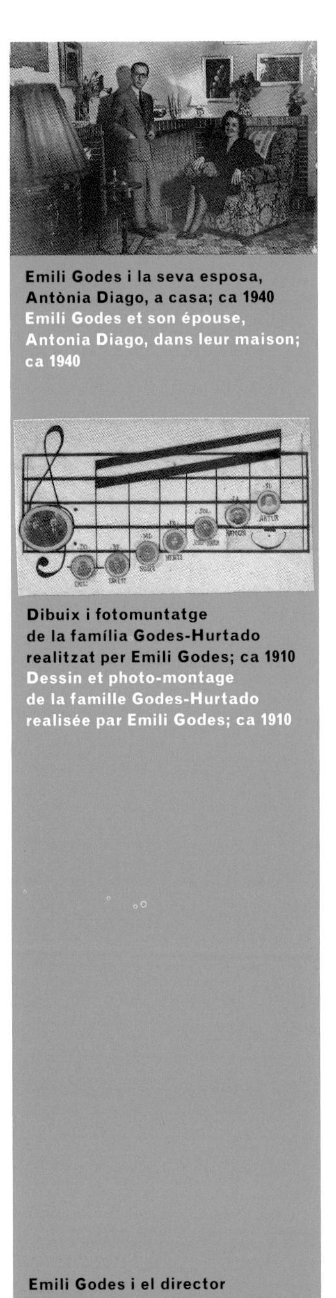

Emili Godes i la seva esposa, Antònia Diago, a casa; ca 1940
Emili Godes et son épouse, Antonia Diago, dans leur maison; ca 1940

Dibuix i fotomuntatge de la família Godes-Hurtado realitzat per Emili Godes; ca 1910
Dessin et photo-montage de la famille Godes-Hurtado realisée par Emili Godes; ca 1910

Emili Godes i el director de cinema Pedro Lazaga, 1945
Emili Godes et le réalisateur Pedro Lazaga, 1945

Un voyage réalisé à Cordoue en 1927 se matérialisa en un excellent reportage de contenu paysager, architectural et social.

En 1929, il vécut la construction de l'Exposition Internationale de Barcelone, et il en photographia les installations avec une maîtrise inégalée: il est indubitable que cette expérience allait être le point de départ de son engagement esthétique envers la réalité. Le fruit immédiat de ses nouvelles inquiétudes esthétiques et de ses relations avec le monde de la science fut la matérialisation de sa merveilleuse recherche de la vie naturelle.

L'exposition, exclusivement composée d'originaux d'époque, s'articule autour d'un noyau central contenant le legs artistique le plus précieux de Godes: sa série de macrophotographies d'animaux et de plantes, réalisée vers 1930, et considérée comme le référent de base de la contribution catalane, aux caractéristiques subtiles et poétiques, au mouvement artistique d'Europe Centrale, la Nouvelle Objectivité.

Cette tendance, rappelons-le, proposait un abandon de la subjectivité inhérente aux formes artistiques de l'époque et formulait un nouvel engagement radical envers la réalité. Dans ce sens, la collection de thème zoologique et botanique d'Emili Godes nous révèle un artiste spécial, capable de nous interpréter cet esprit radical à partir d'une plasticité frappante, d'une grande force de composition et aux caractéristiques subtiles et poétiques.

Par leur singularité, ces images sont les protagonistes principales de l'exposition, mais nous avons voulu présenter en même temps une sélection de ses meilleures œuvres de paysage, de portrait, de compositions expérimentales et de photo de cinéma. Ceci nous donne la possibilité de voir l'évolution de sa personnalité artistique complexe et nous permet de la situer dans le contexte culturel et social de l'époque. En effet, le legs d'Emili Godes a de multiples lectures, car il comprend l'art, la technique, la science, l'architecture, la sociologie, etc.

Emili Godes i Hurtado mourut à Barcelone le 20 février 1970, à soixante-quatorze ans, en pleine activité professionnelle.

Je voudrais exprimer ma reconnaissance aux personnes qui ont contribué à rendre cette exposition possible. En premier lieu, une profonde évocation de Montserrat Godes, la fille aînée d'Emili Godes, récemment décédée, qui m'a tant aidé à mieux connaître l'œuvre de son père et qui n'a malheureusement pas pu voir cet hommage de son vivant. À son époux, Monsieur Enric Cabestany qui, malgré tout, a patiemment supporté les inévitables perturbations provoquées par mon travail. À Maria Rosa Godes, la seconde fille du photographe, qui m'a imprégné de sa grande admiration envers son père et qui a persévéré jusqu'au dernier moment de ce tribut. À Juan Naranjo, un spécialiste voué corps et âme au patrimoine photographique, pour avoir mis à notre portée son travail sur l'artiste et, finalement, à Daniel Giralt-Miracle, enthousiaste et profond connaisseur de l'art et de la photographie catalane.

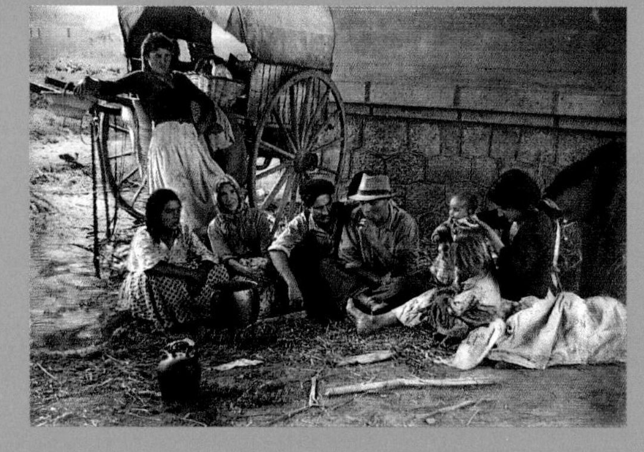

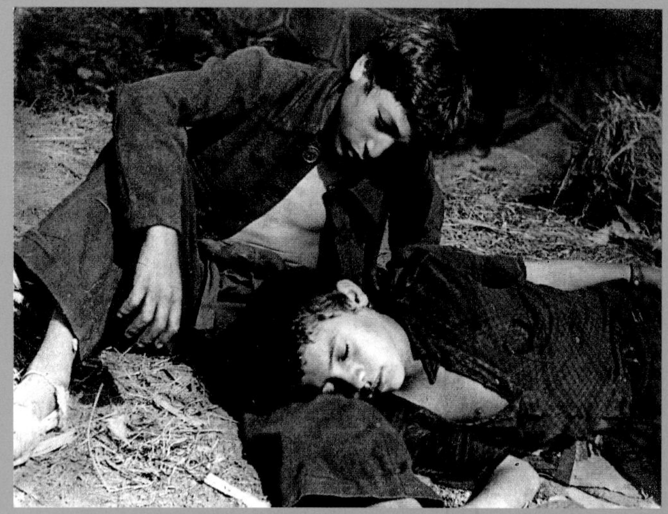

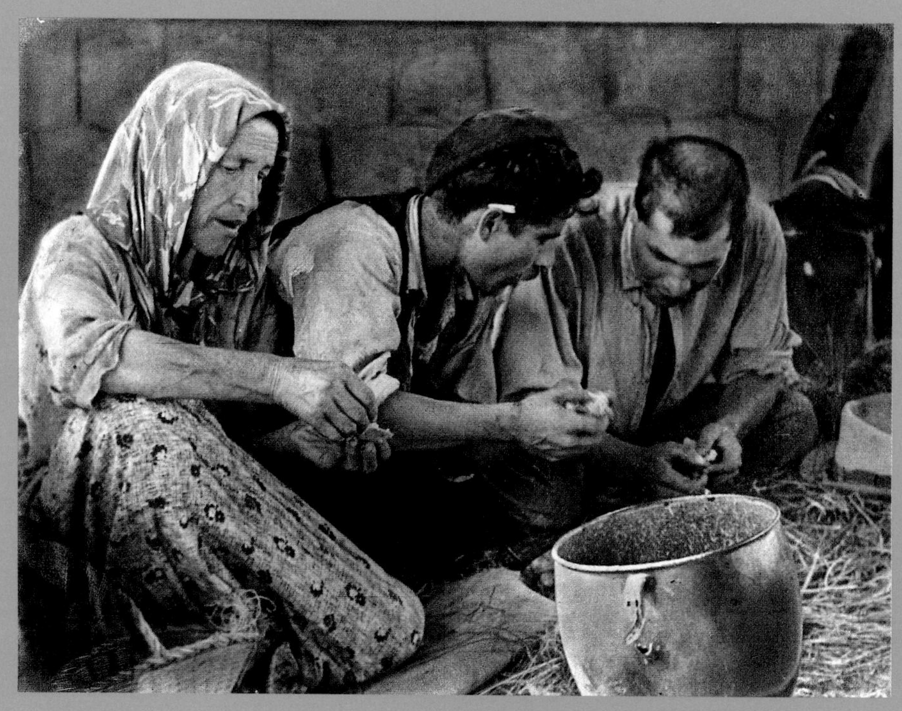

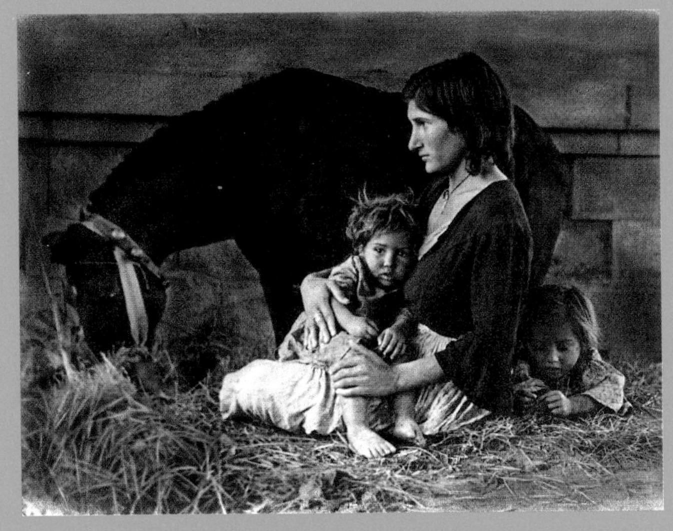

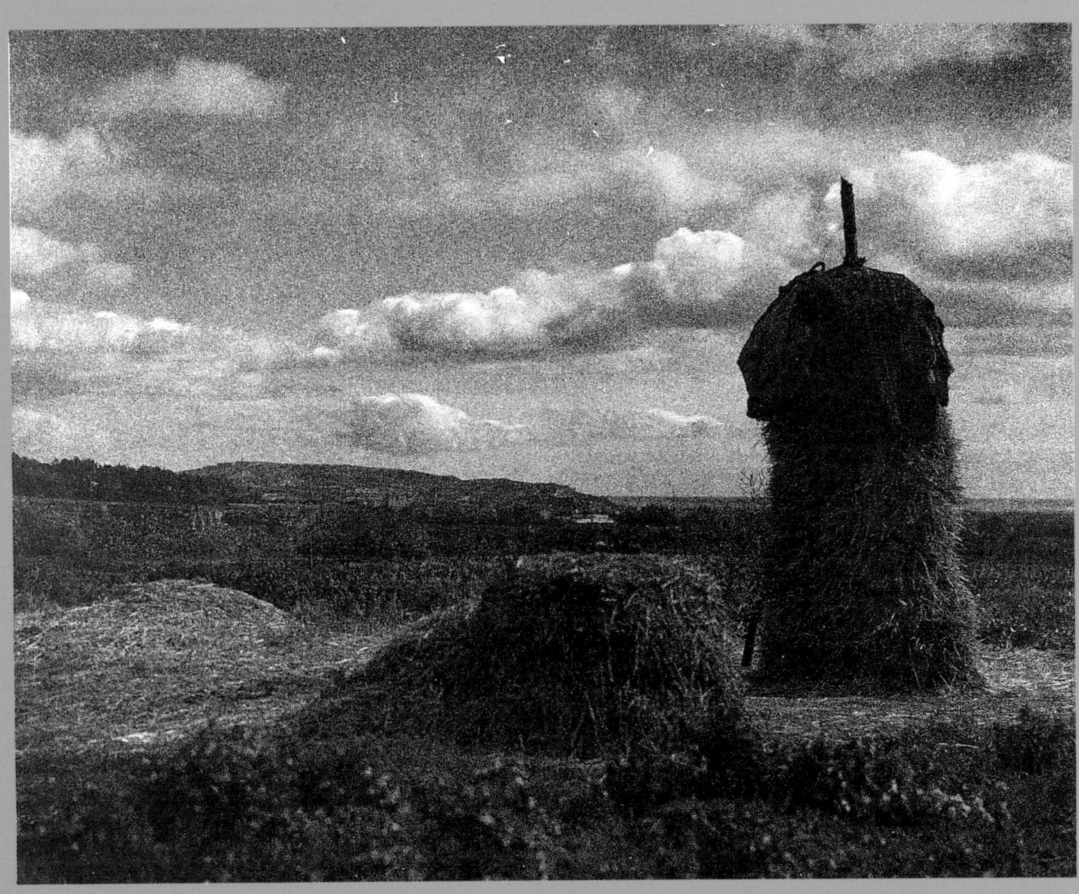

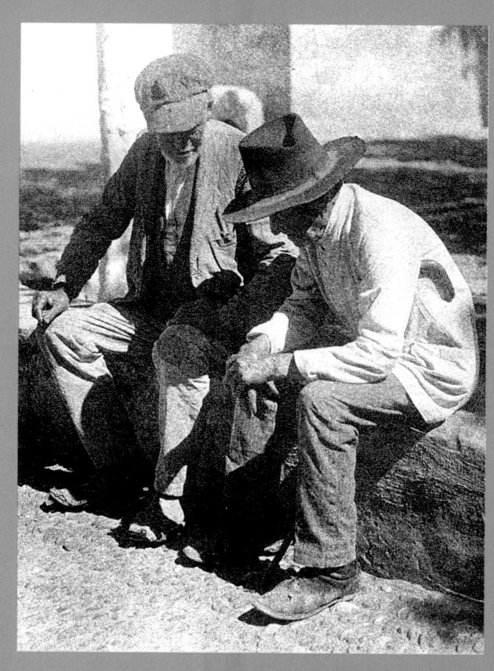

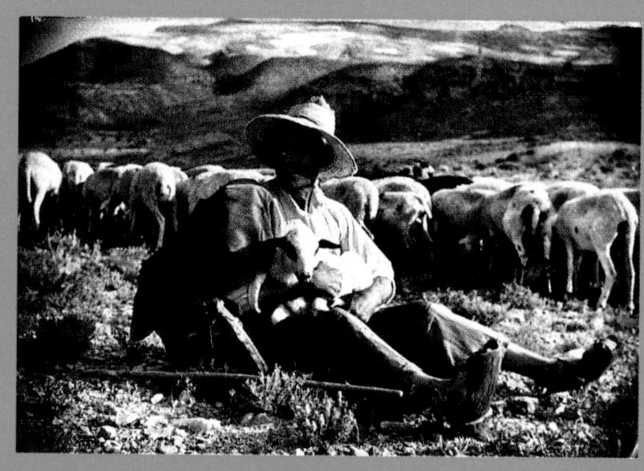

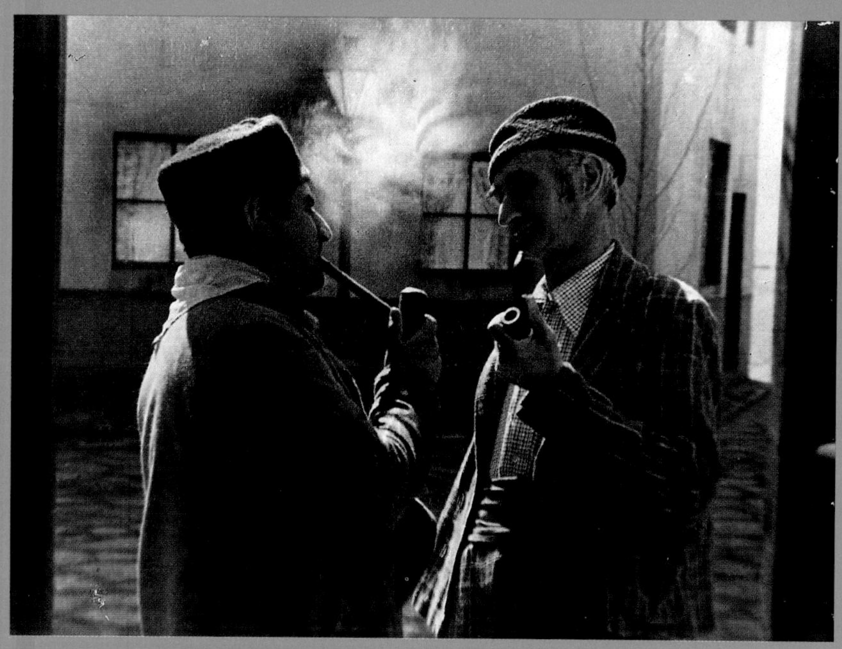

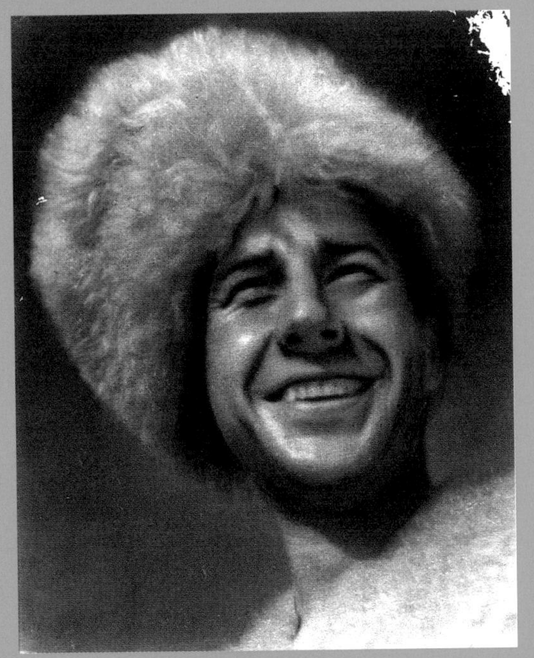

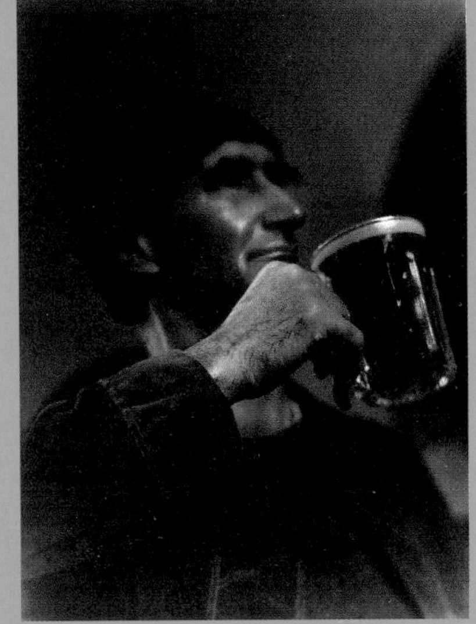

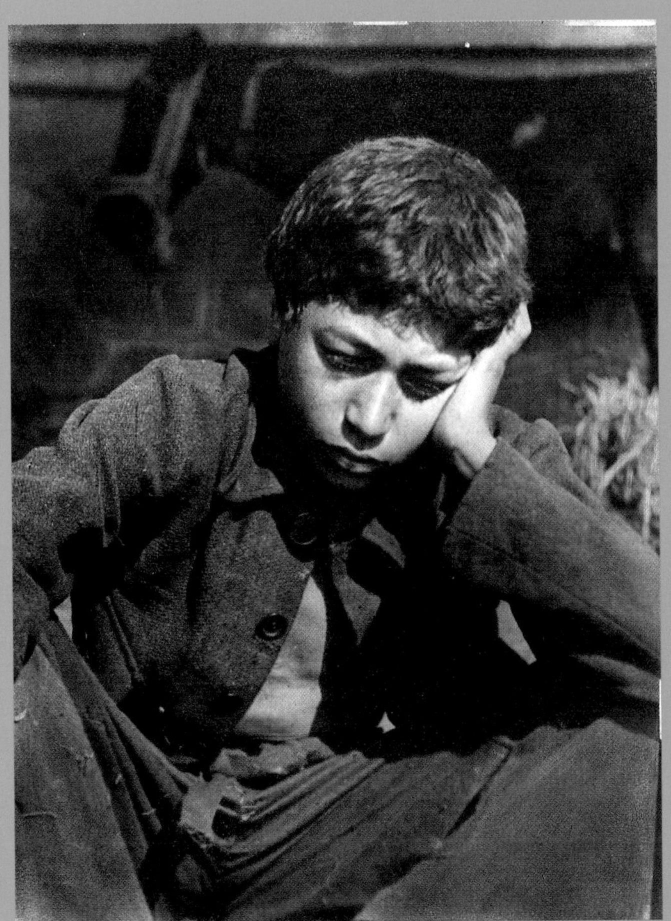

Emili fotògraf

Entre la Nova Objectivitat i el neorealisme

Daniel Giralt-Miracle

Ha calgut arribar al centenari del naixement d'Emili Godes i Hurtado (Barcelona, 1895-1970) perquè comencéssim a revisar l'obra d'aquest destacat fotògraf amb la perspectiva històrica, tècnica i artística que mereix.
Llevat d'aquelles persones que el van conèixer en vida i ens parlen de la seva qualitat humana i del seu lliurament total a la pràctica de la fotografia, poques han estat les veus que han reivindicat la seva figura i l'han situada en el lloc nacional i internacional que li correspon. L'exposició *Idas y caos*, promoguda per Joan Fontcuberta i Marta Gili, ho va fer el 1984, atorgant-li un primer lloc en el capítol de la Nova Objectivitat[1]. L'Institut d'Estudis Fotogràfics de Barcelona, a iniciativa de Miquel Galmes, presentà la sèrie de Còrdova el 1986.
A l'exposició *Avantguardes a Catalunya* del 1962 el vam situar en l'àmbit *Recerca i modernitat: fotografia*[2] juntament amb Pla Janini, Sala, Masana, Català-Pic i Gomis. I, més recentment (abril i maig del 1995), Juan Naranjo el proposà com una de les figures convidades del certamen *Huesca: imagen*[3] que se celebrà a Osca. A aquestes iniciatives esparses cal afegir el treball de documentació de Marisol Farré Brufau que li dedicà la seva tesi de llicenciatura el 1986[4]. Poques han estat, doncs, les oportunitats recents d'establir contacte amb l'obra original de Godes, estudiar-ne les seves característiques, analitzar els seus períodes i la seva diversitat i determinar la seva adscripció estilística en el panorama general de la fotografia.

photographe

Entre la Nouvelle Objectivité et le néoréalisme

Daniel Giralt-Miracle

Il a fallu arriver au centenaire de la naissance d'Emili Godes i Hurtado (Barcelone, 1895-1970) pour que nous commencions à réviser l'œuvre de ce remarquable photographe depuis la perspective historique, technique et artistique qu'il mérite. Hormis celles des personnes qui l'ont connu de son vivant et qui nous parlent de sa qualité humaine et de son dévouement total à la pratique de la photographie, peu de voix se sont élevées pour revendiquer sa personnalité et pour la situer à la place nationale et internationale qui lui correspond. L'exposition *Idas y Caos* [Idas et Chaos], montée par Joan Fontcuberta et Marta Gili, s'y appliqua en 1984 en lui accordant une première place dans le chapitre de la Nouvelle Objectivité[1] . L'Institut d'Études Photographiques de Barcelone, sur l'initiative de Miquel Galmes, présenta la série de Cordoue en 1986. Lors de l'exposition *Avantguardes a Catalunya* [Avant-gardes en Catalogne], nous l'avions placé dans le domaine *Recerca i modernitat: fotografia*[2] [Recherche et modernité: photographie] à côté de Pla Janini, Sala, Masana, Català-Pic et Gomis. Et, plus récemment (avril et mai 1995), Juan Naranjo proposa son nom entre ceux des personnalités invitées à la montre *Huesca: imagen*[3] [Huesca: image] qui eut lieu à Huesca. Il faut ajouter à ces initiatives éparses le travail de documentation de Marisol Farré Brufau, qui lui consacra sa thèse de Licence en 1986[4]. Rares ont donc été les occasions récentes d'établir un contact avec l'œuvre originale de Godes, d'en étudier les caractéristiques, d'en analyser les périodes et la diversité, et de déterminer son adscription stylistique au panorama général de la photographie.

Un fotògraf modern

Que la Primavera Fotogràfica d'enguany, seguint un costum establert, reti homenatge a Emili Godes és un acte de justícia, tant pel que fa a la difusió de la seva obra com a la reivindicació de la qualitat del seu treball fotogràfic. Al nostre entendre, la fotografia catalana descobreix la seva pròpia identitat i declara la seva independència respecte a les altres arts la dècada que va entre el 1920 i el 1930, gràcies a l'aportació i a l'esperit innovador de Pere Català-Pic (1889-1971), de Josep Sala (1896-1962) i del mateix Emili Godes (1895-1970) qui, per camins diferents, arriben a conclusions semblants, perquè és la fotografia *per se* la que els porta a un camp de creació autònom. En canvi, l'obra d'Esteve Terrades, Aureli Grasa o la del Dr. Comas, malgrat els seus mèrits intrínsecs, respon a altres interessos derivats de la tècnica o de la medicina.

Amb Català-Pic, Sala i Godes, la fotografia catalana no solament adopta un llenguatge internacional sinó que abandona definitivament el pictorialisme tant volgut pel Dr. Pla Janini i els seus seguidors, i es llença a una nova aventura recercadora que dissortadament s'estronca amb el desastre de la guerra del 1936-39. La recuperació posterior serà molt lenta i desfassada històricament, però la força de la seva aportació resta com un punt culminant de la fotografia d'aquest segle.

Godes, per tant, pot ser considerat un dels primers professionals de la fotografia moderna a Catalunya. Els seus inicis coincideixen amb el moment en què el modernisme (1884-1911), com a esclat festiu de les formes simbolistes i tardoromàntiques, entra en crisi i el noucentisme (1911-1923), que reivindica un retorn als classicismes d'arrel mediterrània, comença la seva confrontació amb els corrents d'avantguarda que s'introdueixen a Barcelona, fonamentalment per mitjà de les Galeries Dalmau (Arp, Braque, Picabia, Léger, Duchamp, Delaunay, etc.). Godes pertany a la generació que entén la fotografia com un mitjà nou i abandona de mica en mica la influència històrica que vinculava els orígens de la fotografia a la pintura i que tenia com a objectiu màxim que tècnicament i formalment s'assemblés a aquesta.

Orígens i evolució

El 1910, quan comença a treballar com a aprenent als laboratoris de la Casa Riba, Godes podia seguir dos corrents: o optar pel vessant tècnic i evolucionar d'acord amb les novetats de la indústria de la fotografia o decantar-se pel cantó creatiu. Quan el 1920 esdevé l'encarregat del laboratori de la Casa Narcís Cuyàs, una de les més importants de l'època, i decideix vincular-se a l'Agrupació Fotogràfica de Catalunya, Godes ja ha pres una opció, la de la fotografia creativa. Li cal, però, trobar el seu llenguatge i una estètica que defineixi el seu quefer. Els documents que ens han arribat són suficients per constatar que als vint anys ja domina l'ofici. Necessita, però, concentrar tots aquests coneixements en una obra que els posi de manifest i que alhora li doni opció d'explicar, a la seva manera, el quefer fotogràfic. Això s'esdevé el 1927, quan viatja a Còrdova per visitar un dels seus germans i descobreix la potència monumental d'aquella ciutat, que el decideix a fer un dels reportatges més interessants de la seva carrera,

Emili Godes, amb ulleres, i a la seva esquerra els fotògrafs Antoni Arissa i Narcís Ricart. Fotografia de Ricart, 1930
Emili Godes, avec lunettes, et à sa gauche, les photographes Antoni Arissa et Narcís Ricart. Photo de Ricart, 1930

Un photographe moderne

C'est donc justice que la Primavera Fotogràfica de cette année, selon l'usage établi, rende hommage à Emili Godes aussi bien quant à la diffusion de son œuvre que pour revendiquer la qualité de son travail photographique. À notre avis, la photographie catalane découvre sa propre identité et déclare son indépendance par rapport aux autres arts au cours de la décennie qui va de 1920 à 1930, grâce à la contribution et à l'esprit innovateur de Pere Català-Pic (1889-1971), de Josep Sala (1896-1962) et d'Emili Godes lui-même (1895-1970) lesquels, par différents chemins, arrivent à des conclusions semblables, car c'est la photographie *per se* qui les mène à un champ de création autonome. Par contre, les œuvres d'Esteve Terrades, d'Aureli Grasa ou du Dr. Comas, malgré leurs mérites intrinsèques, répondent à d'autres intérêts dérivés de la technique ou de la médecine.

Avec Català-Pic, Sala et Godes, la photographie catalane n'adopte pas seulement un langage international, elle abandonne aussi définitivement le picturalisme si recherché par le Dr. Pla-Janini et ses adeptes pour se lancer dans une nouvelle aventure d'investigation malheureusement brisée par le désastre de la guerre de 1936-39. La récupération postérieure sera très lente et historiquement déphasée, mais la force de sa contribution reste comme un point culminant de la photographie de ce siècle.

Par conséquent, Godes peut être considéré l'un des premiers professionnels de la photographie moderne en Catalogne. Ses débuts coïncident avec le moment où le Modernisme (1884-1911) [Art nouveau ou Modern style], cet éclat joyeux des formes symbolistes et de la fin du Romantisme, entre en crise, et où le Noucentisme[5] (1911-1923), qui revendique un retour aux classicismes d'origine méditerranéenne, commence sa confrontation avec les courants d'avant-garde qui s'introduisent à Barcelone, fondamentalement à travers les Galeries Dalmau (Arp, Braque, Picabia, Léger, Duchamp, Delaunay, etc.). Godes appartient à la génération qui conçoit la photographie comme un moyen nouveau et abandonne petit à petit l'influence historique qui unissait les origines de la photographie à la peinture, une influence dont l'objectif principal était d'arriver à leur similitude technique et formelle.

La Mesquita de Còrdova, 1927
La Mosquée de Cordoue, 1927

Origines et évolution

En 1910, quand il commence à travailler comme apprenti dans les laboratoires de la Maison Riba, Godes pouvait suivre deux voies: soit opter pour la facette technique et évoluer en vertu des nouveautés de l'industrie de la photographie, soit se décider pour l'aspect créatif. Lorsqu'en 1920 il devient le chef d'atelier du laboratoire de la Maison Narcís Cuyàs, l'une des plus importantes de l'époque, et qu'il décide de rejoindre l'Agrupació Fotogràfica de Catalunya, Godes a déjà pris son parti, celui de la photographie créative. Il lui faut pourtant trouver son propre langage et une esthétique qui définisse sa tâche. Les documents qui nous sont arrivés sont suffisants pour constater que, dans les années vingt, il domine déjà le métier. Cependant, il doit concentrer toutes ces connaissances dans une œuvre qui les mette en relief et qui, lui donne en même temps l'option d'expliquer, à sa manière, l'activité photographique. C'est ce qui arriva en 1927, quand il voyage à Cordoue pour rendre visite à l'un de ses frères et qu'il découvre la puissance

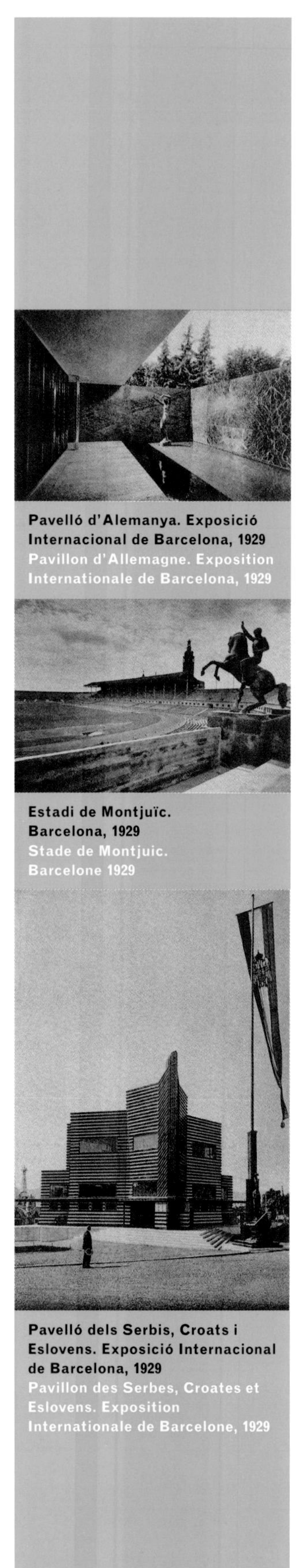

Pavelló d'Alemanya. Exposició Internacional de Barcelona, 1929
Pavillon d'Allemagne. Exposition Internationale de Barcelona, 1929

Estadi de Montjuïc. Barcelona, 1929
Stade de Montjuic. Barcelone 1929

Pavelló dels Serbis, Croats i Eslovens. Exposició Internacional de Barcelona, 1929
Pavillon des Serbes, Croates et Eslovens. Exposition Internationale de Barcelone, 1929

centrat en el paisatge, l'arquitectura i la realitat social cordovesa. Aquest sèrie de fotografies troba una acollida tan important que és editada com una col·lecció de postals, rep diplomes i guardons i mereix articles d'elogi, com *Córdoba a los ojos de un artista*, que li dedica José María Rey[5]. Si mirem amb atenció aquestes fotografies ja entrellucarem algunes de les preocupacions essencials de Godes: una construcció rigorosa, un enquadrament precís, l'èmfasi dels contrastos entre el blanc i el negre, la importància de l'objecte i el protagonisme que atorga a la llum.

La seva consolidació

L'esdeveniment ciutadà que commou la generació de Godes és l'Exposició Internacional del 1929, que suposa per a Barcelona un salt definitiu cap a la modernitat i posa en evidència la seva voluntat de tranformar-se en una gran metròpolis europea per participar, en l'abast tècnic i cultural, en els cicles més avançants de la civilització. Godes viu molt de prop aquella manifestació, veu com es construeixen les instal·lacions, places, fonts, pavellons i equipaments i decideix fer-ne una crònica definitiva que es conserva en dos àlbums excepcionals: *Exposición Internacional de Barcelona. MCMXXIX* i *La exposición de la luz en el certamen internacional de Barcelona, 1929-1930*[6]. Les fotografies que fa dels diferents pavellons, el Poble Espanyol, les fonts de Montjuïc i el Palau de la Llum ens constaten que Godes ja està definint un estil propi, estretament vinculat a la seva consolidació professional.

El gran interès que desperten aquestes fotografies, tant en el món tècnic com en l'artístic i l'editorial, fan que a partir d'aquest moment pugui treballar com a fotògraf independent. Dos seran els àmbits als quals es dedicarà: la publicitat i la fotografia d'obres d'art. En una línia no molt llunyana a la de Català-Pic i Sala farà nombroses incursions en la fotografia publicitària i industrial. Els fotomuntatges, les sobreimpressions, els objectes aïllats, les màquines són tractats des de diferents punts de vista i amb perspectives i contrastos forçats, tot seguint la tònica acusadament bauhausiana de les revistes de l'època. Per la qualitat del seu treball, Godes serà requerit pels laboratoris farmacèutics, per les indústries més importants de l'època, que s'instal·laren a la perifèria de Barcelona, o pels grans magatzems, com "El Siglo", que marquen la moda d'aquella dècada.

L'altra gran dedicació de la seva vida professional serà la de reproduir les obres (pintures i escultures) dels artistes catalans més reconeguts de la seva generació (Galí, benet, Domingo, Obiols, Mompou, Sunyer, Grau-Sala, Bosch Roger, Villà, Mercadé, Clarà, Gargallo, Capdevila, Llorens Artigas, etc.) i dels estrangers que els anys trenta es refugien a Tossa de Mar (Chagall, Kars, Petersen, Masson, Kampf, etc.). Les revistes d'art, especialment *ART*, i els catàlegs de les exposicions de Barcelona d'aquells anys reprodueixen sovint les seves fotografies.

Particularment interessant és el reportatge que fa de l'edifici del Banc Vitalici, per encàrrec de l'arquitecte Lluís Bonet Garí. La gran construcció de la cantonada Gran Via-Passeig de Gràcia de Barcelona és retratada amb la intensitat i la magnificència pròpia d'aquell edifici d'escala nord-americana.

monumentale de la ville, qui le décide à effectuer l'un des reportages les plus intéressants de sa carrière, basé sur le paysage, l'architecture et la réalité sociale cordouane. L'accueil fait à cette série de photos est si considérable qu'elle est éditée comme une collection de cartes postales, reçoit des diplomes et des récompenses et mérite des articles d'éloge, comme *Córdoba a los ojos de un artista* [Cordoue aux yeux d'un artiste], que lui consacre José María Rey[6]. Si nous regardons attentivement ces photos, nous y discernerons déjà quelques-unes des préoccupations essentielles de Godes: une construction rigoureuse, un encadrement précis, l'emphase des contrastes entre le noir et le blanc, l'importance de l'objet et le rôle principal qu'il accorde à la lumière.

Sa consolidation

L'événement urbain qui ébranle la génération de Godes, c'est l'Exposition Internationale de 1929, qui représente pour Barcelone un saut définitif vers la modernité et met en évidence sa volonté de se transformer en une grande métropole européenne afin de participer, dans les domaines technique et culturel, aux cycles les plus avancés de la civilisation. Godes vit de très près cette manifestation, dont il voit se construire les installations, les places, les fontaines, les pavillons et les équipements, et il décide d'en faire une chronique définitive que nous conservons en deux albums exceptionnels: *Exposición Internacional de Barcelona. MCMXXIX.* [Exposition Internationale de Barcelone. MCMXXIX] et *La exposición de la luz en el certamen internacional de Barcelona, 1929-1930*[7] [L'exposition de la lumière dans la montre internationale de Barcelone, 1929-1930]. Les photos qu'il prend des différents pavillons, du Poble Espanyol, des fontaines de Montjuïc et du Palau de la Llum nous révèlent que Godes se trouve déjà en train de définir son propre style, étroitement relié à sa consolidation professionnelle.

À partir de ce moment-là, le grand intérêt qu'éveillent ces photos, dans les milieux technique, artistique et éditorial, lui permet de travailler comme photographe indépendant. C'est à deux domaines qu'il se consacrera: la publicité et la photographie d'œuvres d'art. Dans une ligne pas très éloignée de celle de Català-Pic et de Sala, il fera de nombreuses incursions dans la photo publicitaire et industrielle. Les photomontages, les surimpressions, les objets isolés, les machines, sont traités à partir de différents points de vue et par des perspectives et des contrastes forcés, selon la tendance fortement bauhausienne des revues européennes de l'époque. En raison de la qualité de son travail, Godes sera sollicité par les laboratoires pharmaceutiques, par les industries les plus importantes du moment qui s'installèrent alors dans la périphérie de Barcelone, ou par les grands magasins, comme "El Siglo", qui marquent la mode de cette décennie.

L'autre grande activité de sa vie professionnelle sera celle de reproduire les œuvres (peintures et sculptures) des artistes catalans les plus reconnus de sa génération (Galí, Benet, Domingo, Obiols, Mompou, Sunyer, Grau-Sala, Bosch Roger, Villà, Mercadé, Clarà, Gargallo, Capdevila, Llorens Artigas, etc.) et des étrangers qui, dans les années trente, se réfugient à Tossa de Mar (Chagall, Kars, Petersen, Masson, Kampf, etc.). Les revues d'art, spécialement *ART*, et les catalogues des expositions de Barcelone de ces années-là reproduisent souvent ses photos.

No és fins al 1930 que inicia la que probablement serà la sèrie més interessant de la seva carrera com a fotògraf, les macrofotografies (que ell prefereix denominar microfotografies de gran format) de plantes, vegetals, insectes, coleòpters i rèptils que impressionen tant en el món tècnic com en l'artístic. A fi d'aproximar-se a la realitat de manera més precisa i detallada, i mancat d'equips moderns, Godes utilitza procediments molt rudimentaris i manipula vidres procedents de vasos i d'ampolles i lents diverses, fins aconseguir augmentar quaranta vegades els objectes, plantes o animals fotografiats. Aquest treball, en què Godes concentra tot el seu saber i assoleix la maduresa total, el porta a col·laborar amb l'Escola d'Agricultura de la Diputació de Barcelona (que el 1982 li dedicà una exposició d'homenatge) i, per invitació del Dr. F. Garcia del Cid, amb la càtedra d'Entomologia de la Universitat de Barcelona i, més tard, amb l'Institut d'Investigacions Pesqueres de Barcelona.

Durant la Guerra Civil (1936-1939) atén bàsicament comandes oficials del Comissariat de Propaganda de la Generalitat de Catalunya i de la subsecretaria de Propaganda del Ministerio del Estado. Acabada la guerra reprèn les seves activitats i durant els difícils anys de la postguerra es dedica a la fotografia d'encàrrec. Fins que el 1944, i per iniciativa de Sebastià Gasch, l'infatigable crític impulsor de les avantguardes, presenta a la Galeria el Jardín, una exposició individual de les seves macrofotografies, que tenen una excel·lent acollida per part de la crítica i el públic. Godes ja és reconegut com l'especialista de la macrofotografia i divulga per mitjà de conferències i entrevistes, promogudes per l'Agrupació Fotogràfica de Catalunya, la seva obra i la seva tècnica. A partir d'aquest moment, compagina la seva feina de fotògraf amb la relacionada amb la indústria del cinema, en la qual s'havia introduït entre els anys 1934 i 1935 treballant tant en la fotografia com fent de càmera. Al llarg de la seva vida col·labora amb directors com Saenz de Heredia, Orduña, Iquino i el 1938, durant la Guerra Civil, amb André Malraux, en la realització de la pel·lícula *L'Espoir*. Com a director i productor, realitza *Nit de Reis* (que el 1945 va guanyar a Venècia el Mascherino di Oro), *La calumnia*, *Todo es según el color del cristal con que se mira* i *Màgica nit*. Els seus films parteixen d'un primer pla eminentment fotogràfic al qual dóna un cert moviment per encadenar-lo a un altre pla fotogràfic de la mateixa qualitat. Com a tècnic també col·labora amb els doctors Muntaner, Puigvert i Miquel, per als quals filma intervencions quirúrgiques. Fins a la seva mort, el 20 de febrer del 1970, es dedica, des de la botiga-laboratori de fotografia del seu fill Jesús al Passeig de Gràcia de Barcelona, a donar a conèixer la seva experiència a professionals i amateurs.

Una aportació a la fotografia

Per mitjà dels catàlegs d'exposicions i de revistes franceses i sobretot alemanyes, Godes té coneixement dels corrents europeus coetanis. La Nova Objectivitat alemanya, el cinema rus i les diferents seqüeles de l'expressionisme l'influencien profundament. Malgrat que en alguna ocasió també treballa la fotografia en color, Godes és, per antonomàsia, el fotògraf del blanc i negre. La seva concepció de la fotografia barreja els grans coneixements tècnics amb un accentuat efectisme realista que té molts paral·lelismes amb la de Karl Blossfeldt, Ernst Fuhrman, Paul Wolff i, sobretot, amb la d'Albert Renger-Patzsch, si bé Godes es complau més en els vessants poètics.

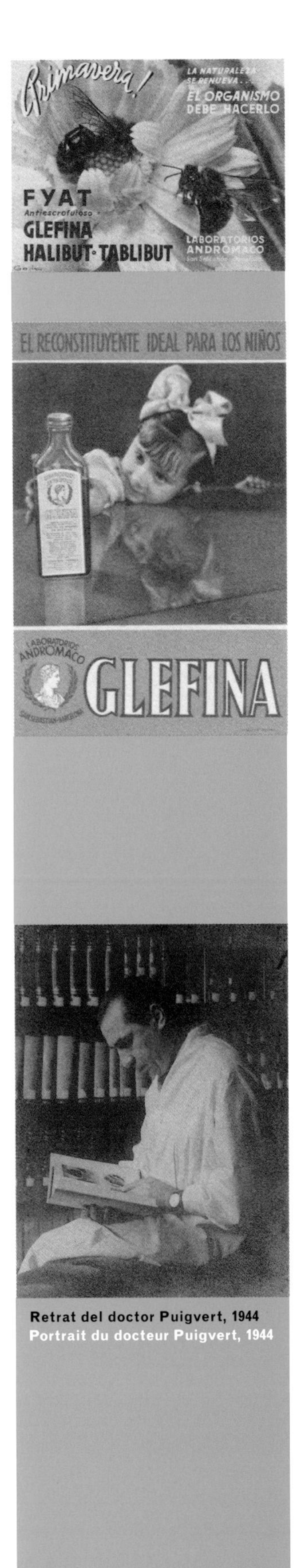

Retrat del doctor Puigvert, 1944
Portrait du docteur Puigvert, 1944

Son reportage sur l'immeuble du Banc Vitalici, dont l'a chargé l'architecte Lluís Bonet Garí, s'avère particulièrement intéressant. La grande construction située à l'angle de la Gran Via et du Passeig de Gràcia est reproduite avec l'intensité et la magnificence propres de cet édifice réalisé à une échelle nord-américaine.

Il faudra attendre 1930 pour le voir entamer la série qui sera probablement la plus intéressante de sa carrière de photographe, les macrophotographies (qu'il préfère appeler microphotographies de grand format) de plantes, végétaux, insectes, coléoptères et reptiles, lesquelles impressionnent autant le monde technique que le milieu artistique. Afin d'approcher la réalité de façon extrêmement précise et détaillée, à défaut d'équipements modernes, Godes utilise des procédés très rudimentaires et manipule des morceaux de verres et de bouteilles cassés, ainsi que différentes lentilles, pour arriver à augmenter quarante fois les objets, les plantes ou les animaux photographiés. Ce travail, dans lequel Godes concentre tout son savoir et grâce auquel il atteint la maturité totale, le mène à collaborer avec l'École d'Agriculture de la Diputació de Barcelone (qui lui consacra une exposition d'hommage en 1982) et, sur l'invitation du Dr. F. Garcia del Cid, avec la Chaire d'Entomologie de l'Université de Barcelone et, plus tard, avec l'Institut de Recherches de la Pêche de Barcelone.

Pendant la Guerre Civile (1936-1939), il s'occupe principalement des commandes officielles du Commissariat de Propagande de la Generalitat de Catalunya et du Sous-Secrétariat de Propagande du Ministère de l'État. Une fois la guerre achevée, il reprend ses activités et, pendant les années difficiles de l'après-guerre, il se consacre à la photo sur commande. Ceci jusqu'en 1944 où, sur l'initiative de Sebastià Gasch, l'infatigable critique promoteur des avant-gardes, il présente à la Galerie El Jardín une exposition individuelle de ses macrophotographies, qui sont très bien reçues par la critique et le public. Godes est maintenant reconnu comme le spécialiste de la macrophotographie, et il divulgue son œuvre et sa technique à travers des conférences et des entrevues parrainées par l'Agrupació Fotogràfica de Catalunya. À partir de ce moment-là, il combine son occupation de photographe avec celle qui l'unit à l'industrie du cinéma, où il s'était introduit entre les années 1934 et 1935 en travaillant aussi bien comme photographe que comme caméraman. Au long de sa vie, il collabore avec des metteurs en scène comme Sáenz de Heredia, Orduña, Iquino et, en 1938, pendant la Guerre Civile, avec André Malraux, dans la réalisation du film *L'Espoir*. En tant que metteur en scène et producteur, il réalise *Nit de Reis* [Nuit d'Épiphanie] (qui obtint le Mascherino di Oro à Venise en 1945), *La calumnia* [La calomnie], *Todo es según el color del cristal con que se mira* [Tout dépend de la couleur du verre à travers lequel on regarde] et *Màgica nit* [Nuit magique]. Ses films partent d'un premier plan éminemment photographique auquel il donne un certain mouvement de manière à l'enchaîner à un autre plan photographique de la même qualité. En tant que technicien, il collabore aussi avec les docteurs Muntaner, Puigvert et Miquel, pour lesquels il filme des interventions chirurgicales.
Jusqu'à sa mort, en février 1970, depuis le magasin-laboratoire de photographie de son fils Jésus, au Passeig de Gràcia de Barcelone, il se consacre à partager son expérience avec les professionnels et les amateurs.

Com ha observat Juan Naranjo, en algunes de les fotografies que Godes fa de l'Exposició del 1929, ja es detecta una tendència cap a l'objectivitat fotogràfica de tall realista. Són però les seves macrofotografies dels anys trenta les que ens permeten d'afirmar que Godes és l'autor més representatiu de la Nova Objectivitat de la nostra fotografia. En una entrevista que li va fer el també avantguardista Carles Sindreu (1900-1974) manifesta: "A Alemanya i a França la pràctica de la microfotografia és molt estesa. També té un caràcter artístic similar al que jo intento donar a les meves realitzacions"[7]. Val a dir que les revistes com l'*Art de la Llum*, *Mirador* o *D'Ací i d'Allà* il·lustraven els seus articles amb fotografies modernes i informaven puntualment dels esdeveniments fotogràfics que s'estaven produint a Europa en aquells moments.

Si els impulsors de la Nova Objectivitat van arribar a aquesta pràctica per la via de les idees, Godes, contràriament, hi va arribar per la via de la pràctica. Davant l'excessiu subjectivisme de la fotografia convencional, els alemanys reclamaven més objectivitat, més compromís amb la realitat, perquè entenien la fotografia com un art i una tècnica, com una nova opció de mirar el món i d'escorcollar la realitat, més enllà dels sentimentalismes. En canvi, Godes, que després del 1929 se sent un home del seu temps, es posa al servei de la ciència, de la indústria i de la cultura editorial i ho fa en el més empíric dels sentits i sense renunciar mai als valors estètics. En això Godes coincideix amb la denominada *fotografia fotogràfica* que Renger-Patzsch defineix en el llibre *Die Welt ist schön* [El món és bell] del 1928, en el qual equipara la natura i la tecnologia. Pels fotògrafs d'aquella generació, i també per Godes, havia arribat l'hora de deixar "la pintura en mans dels pintors i d'intentar amb els mitjans de la fotografia de crear unes imatges pròpies, capaces d'existir per elles mateixes", segons va dir Renger-Patzsch.

Epíleg

Si analitzem la impressionant sèrie de les macrofotografies en el context de tota l'obra de Godes, observarem que mai no va ser un fotògraf de tendència. De mica en mica evoluciona i sintonitza amb l'atmosfera cultural de l'Europa de preguerres per una via intuïtiva i pràctica. Les tècniques, els materials, els usos de la fotografia viuen una profunda transformació i Godes l'experimenta com a protagonista, en les circumstànices pròpies de la seva ciutat i del seu país, la qual cosa li permet, més que ser eclèctic, portar a terme una síntesi entre la Nova Objectivitat de Renger-Patzsch, la Nova Visió de Laszlo Moholy-Nagy, la Fotografia Pura d'Emmanuel Sougez i la Fotografia Metafísica d'Herbert List. Godes en la seva pràctica fotogràfica participa d'aquests corrents, sense adscriure's a cap militància concreta, i sap trobar el punt d'equilibri magistral entre el que és ciència i el que és art, perquè és molt a prop d'aquell "inconscient òptic" definit per Walter Benjamin.

Un altre tret distintiu de Godes és la seva manifesta preocupació per la utilització de la llum (tant en el camp de la macrofotografia com en el del cinema i la fotografia d'obres d'art), per la qual cosa sempre busca potenciar al màxim els contrastos i donar als plans una certa visió cinematogràfica. Com va escriure Sebastià Gasch el 1945:

Une contribution à la photographie

À travers les catalogues d'expositions, les revues françaises et, surtout, allemandes, Godes prend connaissance des courants européens contemporains. Il est profondément influencé par la Nouvelle Objectivité allemande, le cinéma russe et les différentes séquelles de l'expressionisme. Bien qu'il travaille parfois aussi la photo en couleur, Godes est, par excellence, le photographe du noir et blanc. Sa conception de la photographie mêle les grandes connaissances techniques à un intense impact de l'effet réaliste qui présente de nombreux parallélismes avec celle de Karl Blossfeldt, Ernst Fuhrman, Paul Wolff et, surtout, avec celle d'Albert Renger-Patzsch, quoique Godes se complaise plus dans les facettes poétiques.

Comme l'a constaté Juan Naranjo, dans certaines des photos que Godes prend de l'Exposition de 1929, il se détecte déjà une tendance à l'objectivité photographique propre du courant réaliste. Mais ce sont ses macrophotographies des années trente qui nous permettent d'affirmer que Godes est l'auteur le plus représentatif de la Nouvelle Objectivité de la photographie catalane. Dans une interview qu'il avait accordée à un autre avant-gardiste, Carles Sindreu (1900-1974), il manifestait: "En Allemagne et en France la pratique de la microphotographie est très répandue. Elle possède aussi un caractère artistique semblable à celui que j'essaie de donner à mes réalisations"[8] . Il va sans dire que des revues comme l'*Art de la llum*, *Mirador* ou *D'Ací i d'Allà* illustraient leurs articles avec des photos modernes et informaient ponctuellement des événements photographiques qui se produisaient en Europe à cette époque-là.

Si les instigateurs de la Nouvelle Objectivité étaient arrivés à cette pratique à travers la voie des idées, Godes, au contraire, y était arrivé par la voie de la pratique. Face au subjectivisme excessif de la photo conventionnelle, les Allemands réclamaient plus d'objectivité, plus d'engagement envers la réalité, car ils entendaient la photographie comme un art et une technique, comme une nouvelle façon de regarder le monde et de fouiller la réalité, au-delà des sentimentalismes. Godes, qui après 1929 se sent un homme de son temps, se met par contre au service de la science, de l'industrie et de la culture éditoriale, et il s'y met dans le plus empirique des sens et sans jamais renoncer aux valeurs esthétiques. En ceci Godes coïncide avec ce qu'on appelle la *photographie photographique* que Renger-Patzsch définit dans le livre de 1928, *Die Welt ist schön* [Le Monde est beau], où il met la nature et la technologie au même niveau. Pour les photographes de cette génération, et pour Godes aussi, l'heure était arrivée de laisser la peinture aux mains des peintres et d'essayer "avec les moyens de la photographie de créer des images propres, capables d'exister pour elles-mêmes", selon les termes de Renger-Patzsch.

Épilogue

Si nous analysons l'impressionnante série des macrophotographies dans le contexte de toute l'œuvre de Godes, nous observerons qu'il n'a jamais été un photographe de tendance. Il évolue et syntonise petit à petit avec l'atmosphère culturelle de l'Europe des avant-guerres par une voie intuitive et pratique.

"Amb el sol joc de les llums, Godes sublima els valors de l'objecte més insignificant"[8]. Una característica que li va ser reconeguda fins i tot pels artistes de l'època, que el van considerar el millor fotògraf d'obres d'art (pintura, escultura, arquitectura), perquè amb la seva implacable aproximació a la realitat buscava els elements més inquietants i la plasticitat més colpidora. Tensió, dinamisme, contrast de llums, gradacions tonals, fidelitat a l'objecte, expressivitat formal són les notes característiques d'una fotografia que busca per mitjà dels objectius la màxima objectivitat, però que no renuncia a la sensualitat i a la poètica d'una cultura visual que aprecia la subjectivitat com un valor artístic essencial.

[1] Catàleg de l'exposició **Idas y caos. Aspectos de las vanguardias fotográficas en España.** Salas Pablo Ruiz Picasso.
Ministerio de Cultura. Madrid. Fundació Joan Miró. Barcelona. 1984
[2] Catàleg de l'exposició **Avantguardes a Catalunya (1906-1939).** Fundació Caixa de Catalunya. Barcelona 1992.
[3] Catàleg de **HUESCA imagen.** Projecte impulsat per la Diputació d'Osca. Osca, 1995
[4] FARRÉ BRUFAU, Marisol.
Un fotógrafo catalán de la Nueva Objetividad: Emili Godes (1895-1970).
Tesi de llicenciatura.
Facultat de Belles Arts. Universitat de Barcelona. 1986.
[5] REY, José María. **Córdoba a los ojos de un artista.** "La voz de la información". Còrdova 1928.
[6] Aquestes fotografies han estat posteriorment profusament divulgades, per bé que mai no s'ha fet constar el nom del seu autor.
[7] SINDREU, Carlos. **Bajo el lente multiplicador.** "El Español", Madrid, 23 de juny de 1956 (Traduït del castellà).
[8] GASCH, Sebastià. **Emili Godes.** Meridià. 25.2.38.

Les techniques, les matériaux, les usages de la photo vivent une transformation profonde, et Godes l'éprouve en tant que protagoniste, dans les circonstances propres de sa ville et de son pays, ce qui lui permet, plus que d'être éclectique, de mener à terme une synthèse entre la Nouvelle Objectivité de Renger-Patzsch, la Nouvelle Vision de Laszlo Moholy-Nagy, la Photographie Pure d'Emmanuel Sougez et la Photographie Métaphysique d'Herbert List. Dans sa pratique photographique, Godes participe à ces courants, sans souscrire à aucune militance en particulier, et il sait trouver le point d'équilibre magistral entre la science et l'art, parce qu'il se trouve très près de cet inconscient optique défini par Walter Benjamin.

Un autre trait particulier de Godes réside dans son souci manifeste de l'utilisation de la lumière (aussi bien dans le champ de la macrophotographie que dans celui du cinéma et de la photographie d'œuvres d'art), raison pour laquelle il cherche toujours à accentuer au maximum les contrastes et à donner aux plans une certaine vision cinématographique. Comme l'écrivit Sebastià Gasch en 1945: "Avec le seul jeu des lumières, Godes sublime les valeurs de l'objet le plus insignifiant"[9]. Une caractéristique que lui reconnurent même les artistes de l'époque, par qui il fut considéré comme le meilleur photographe d'œuvres d'art (peinture, sculpture, architecture) car, avec son implacable approche de la réalité, il cherchait les éléments les plus inquiétants et la plasticité la plus frappante. Tension, dynamisme, contraste de lumières, gradations tonales, fidélité à l'objet, expressivité formelle sont les notes caractéristiques d'une photographie qui cherche à travers les objectifs la plus grande objectivité, mais sans pour cela renoncer à la sensualité et à la poétique d'une culture visuelle qui apprécie la subjectivité comme une valeur artistique essentielle.

---

[1] Catalogue de l'exposition **Idas y Caos. Aspectos de las vanguardias fotográficas en España** [Idas et Chaos. Aspects des avant-gardes photographiques en Espagne], Salas Pablo Ruiz Picasso, Ministerio de Cultura, Madrid. Fundació Joan Miró, Barcelone, 1984.
[2] Catalogue de l'exposition **Avantguardes a Catalunya (1906-1939)**, Fundació Caixa de Catalunya, Barcelone, 1992.
[3] Catalogue de **HUESCA: imagen**, Projet soutenu par la Diputación de Huesca, Huesca, 1995.
[4] FARRÉ BRUFAU, Marisol, **Un fotógrafo catalán de la Nueva Objetividad: Emili Godes (1895-1970)** [Un photographe catalan de la "Nouvelle Objectivité": Emili Godes (1895-1970)], Thèse de Licence, Facultés des Beaux-Arts, Université de Barcelone, 1986.
[5] Mouvement culturel qui eut une portée politique et qui naquit en Catalogne (N. de la T.).
[6] REY, José María, "**Córdoba a los ojos de un artista**", La voz de la información, Cordoue, 1928.
[7] Postérieurement, ces photos ont été largement diffusées, sans que l'on n'ait jamais mentionné le nom de leur auteur.
[8] SINDREU, Carlos, "**Bajo el lente multiplicador**" [Sous la lentille multiplicatrice], El Español, Madrid, 23 juin 1956.
[9] GASCH, Sebastià, "**Emili Godes**", Meridià, 25-2-38.

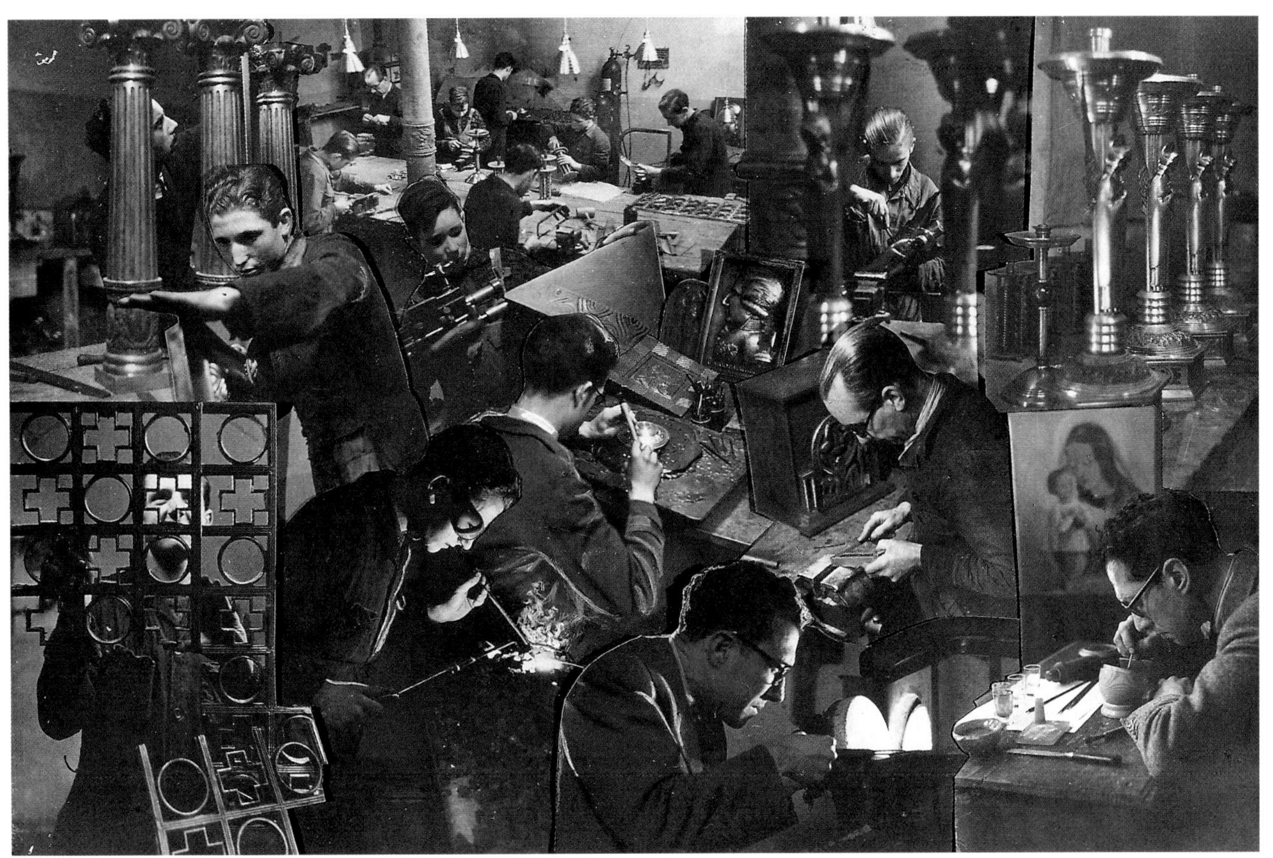

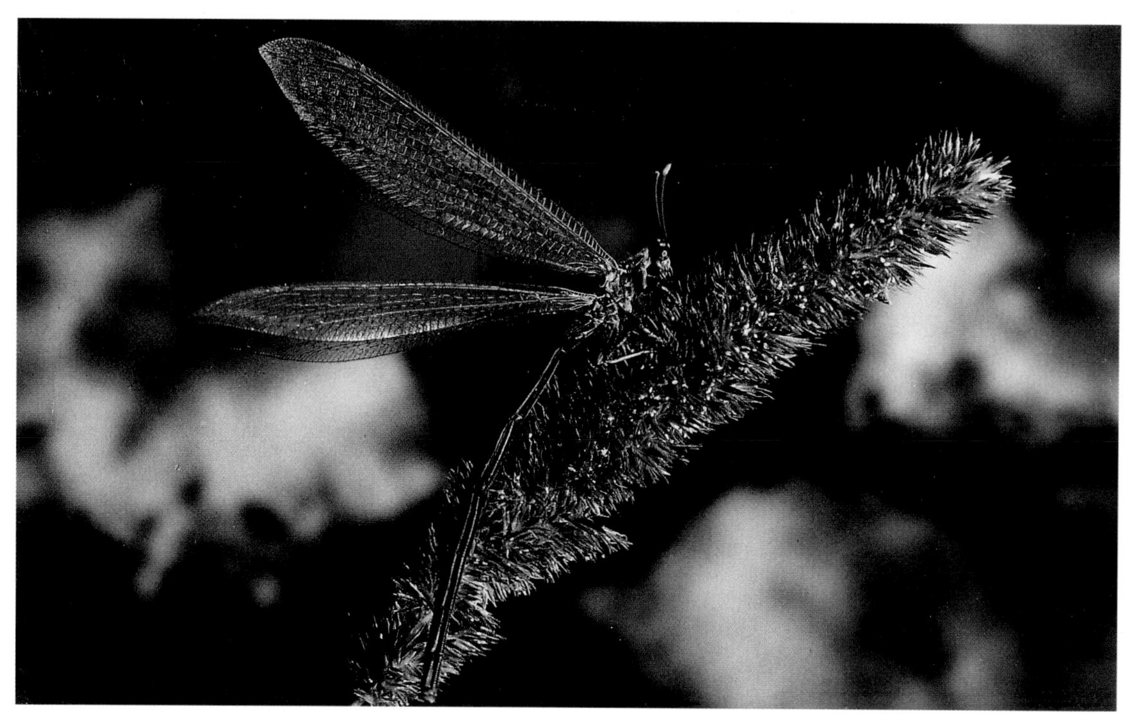

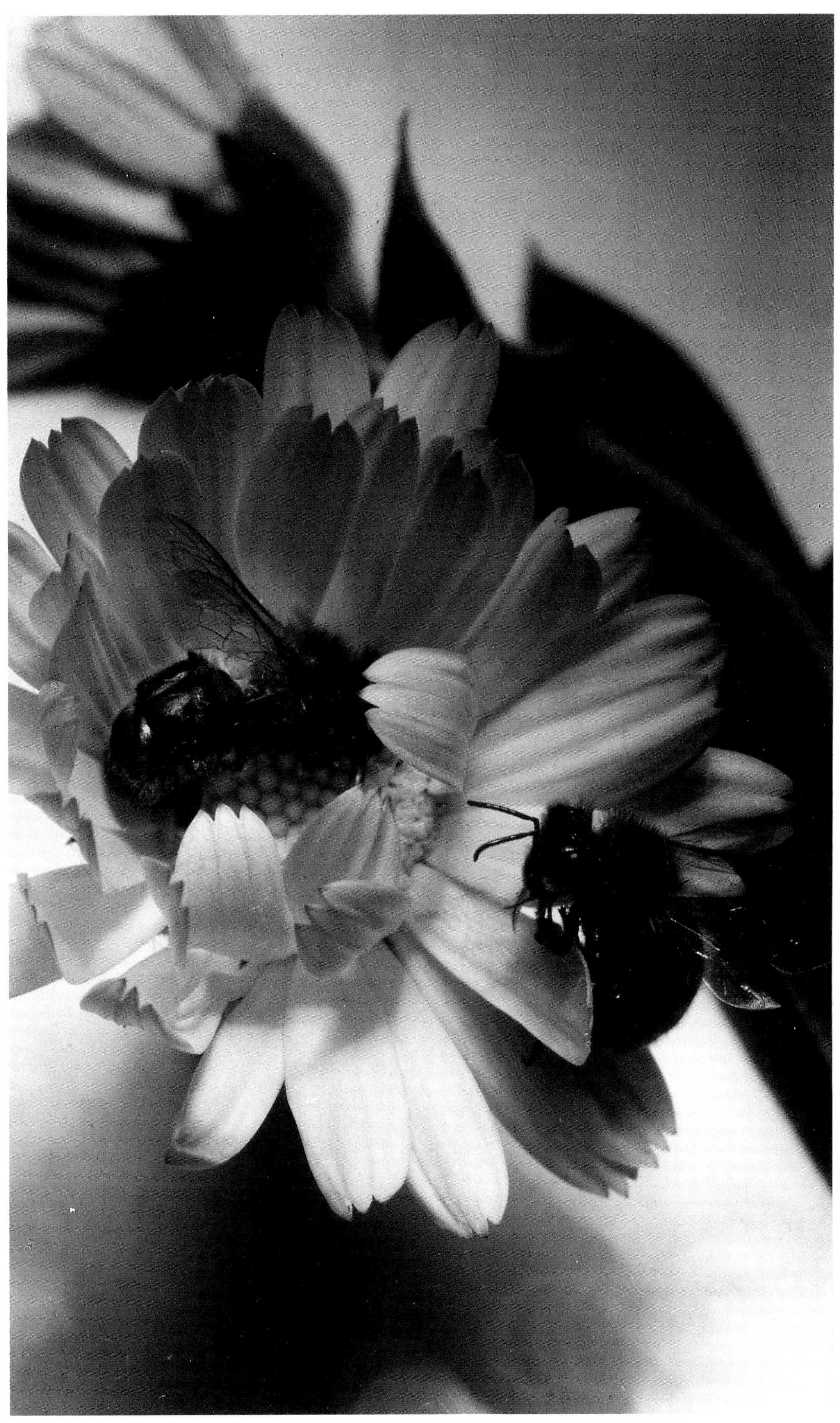

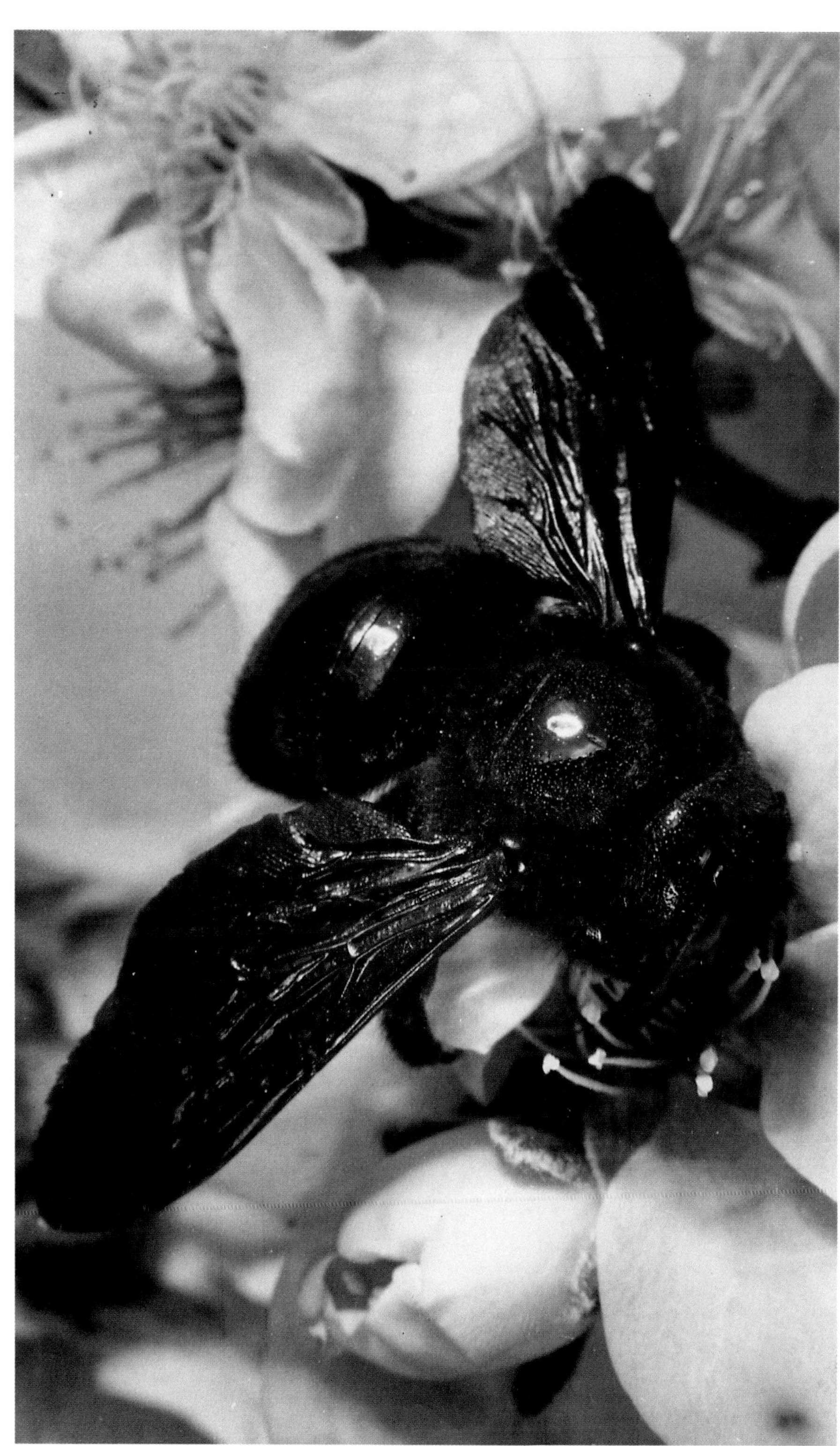

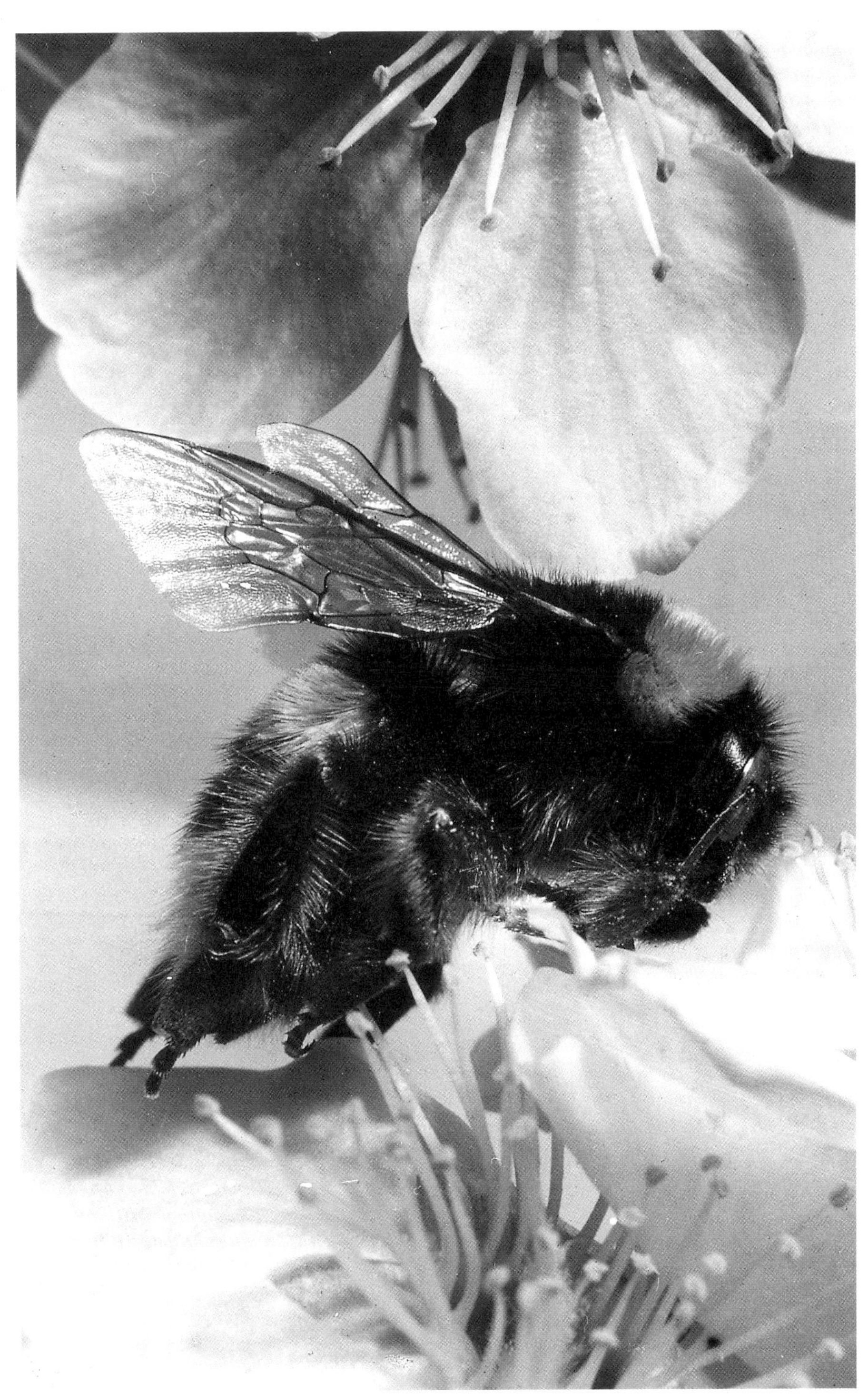

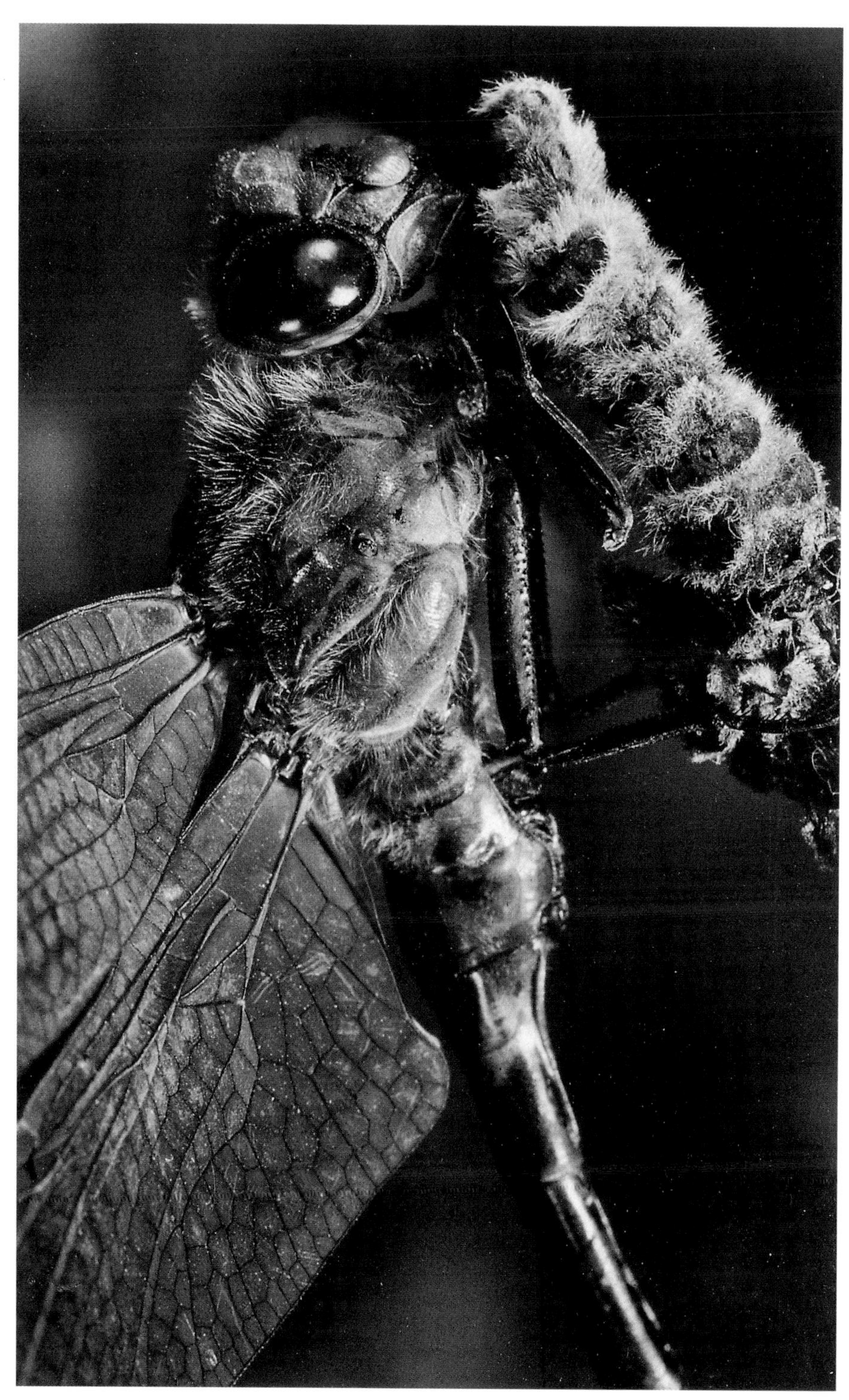

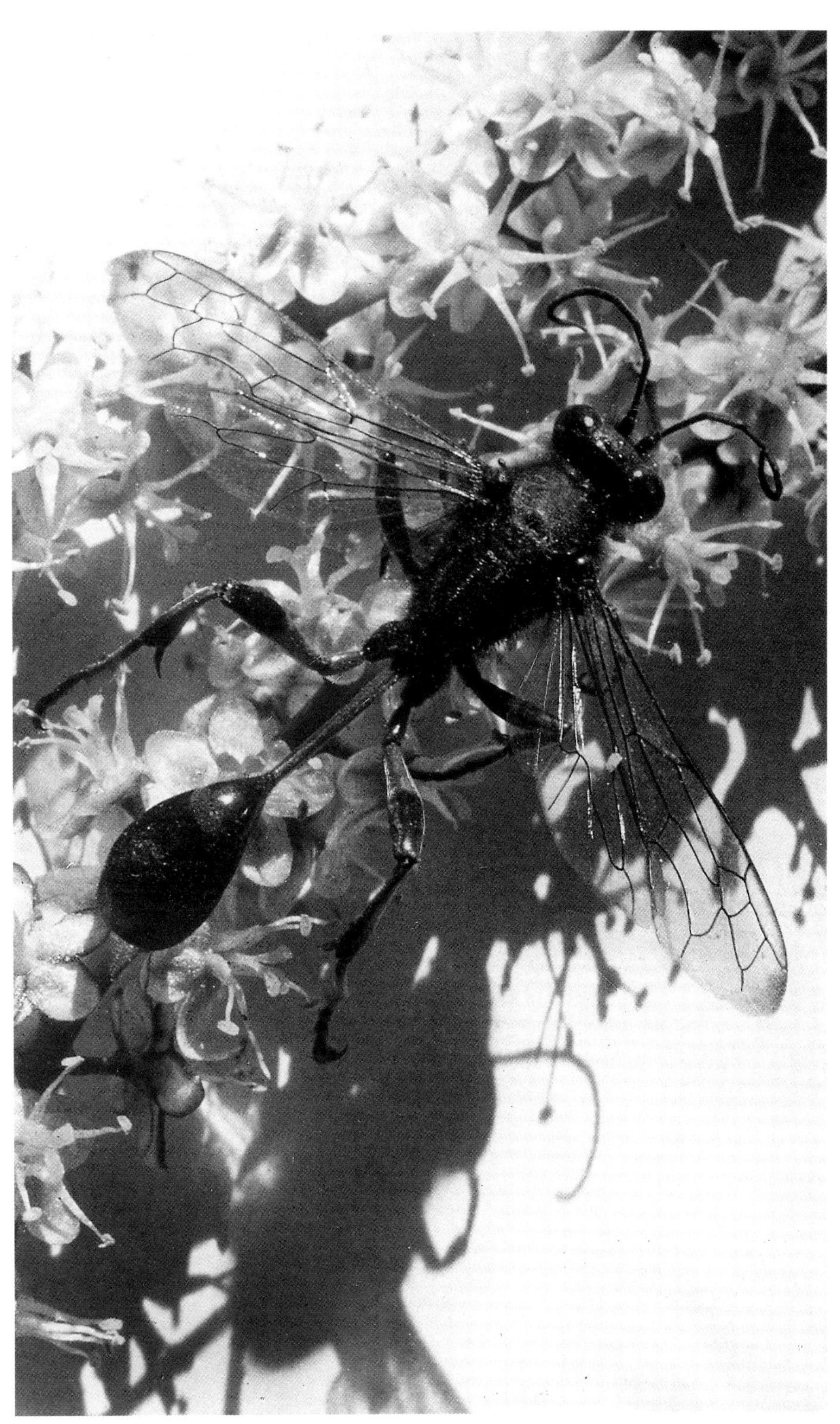

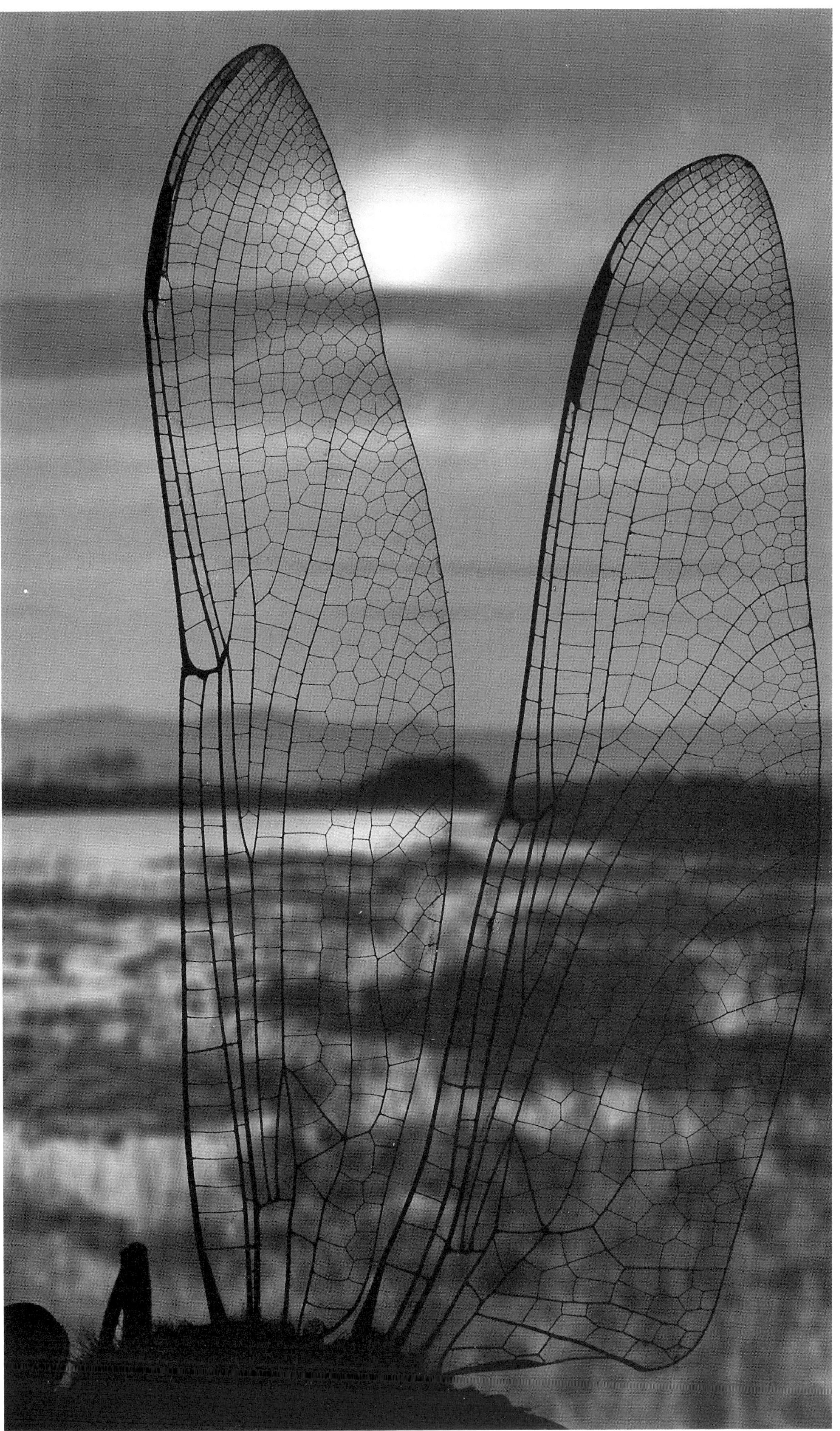

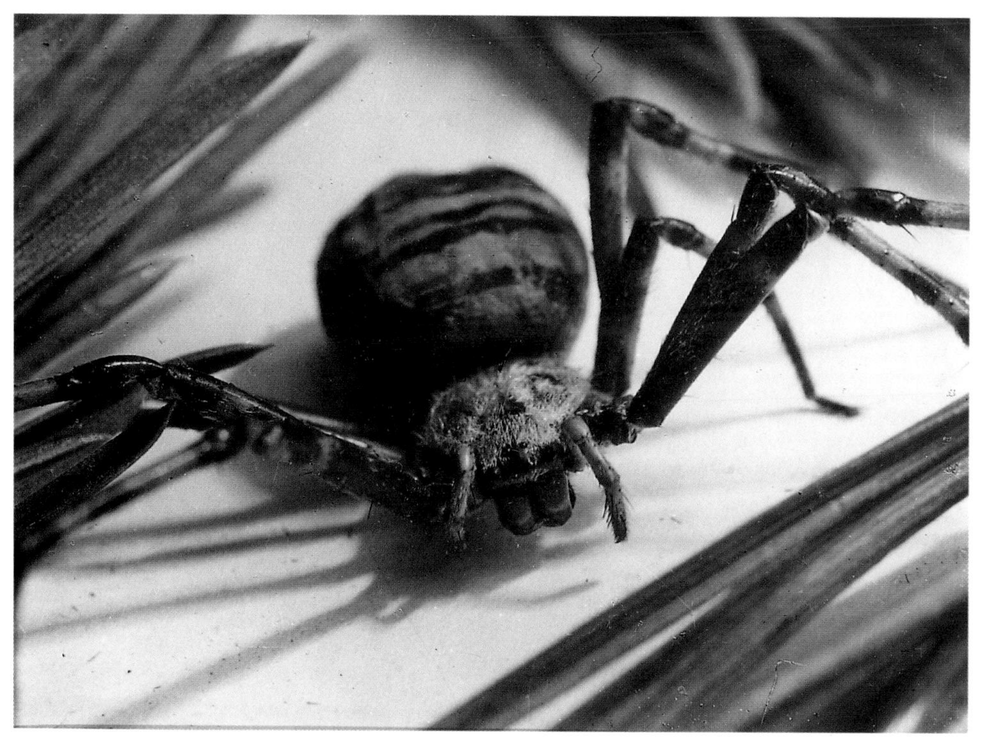

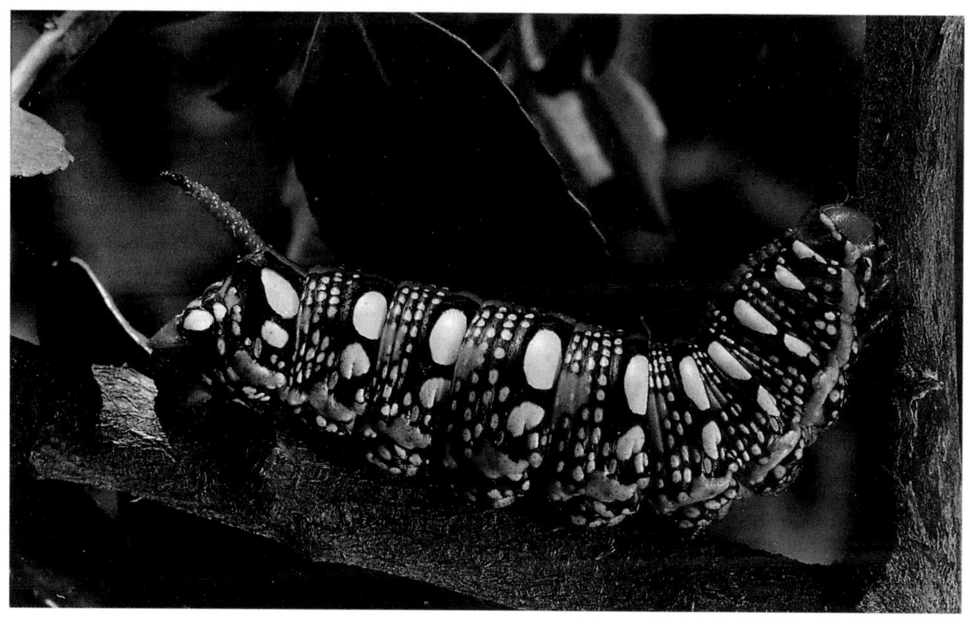

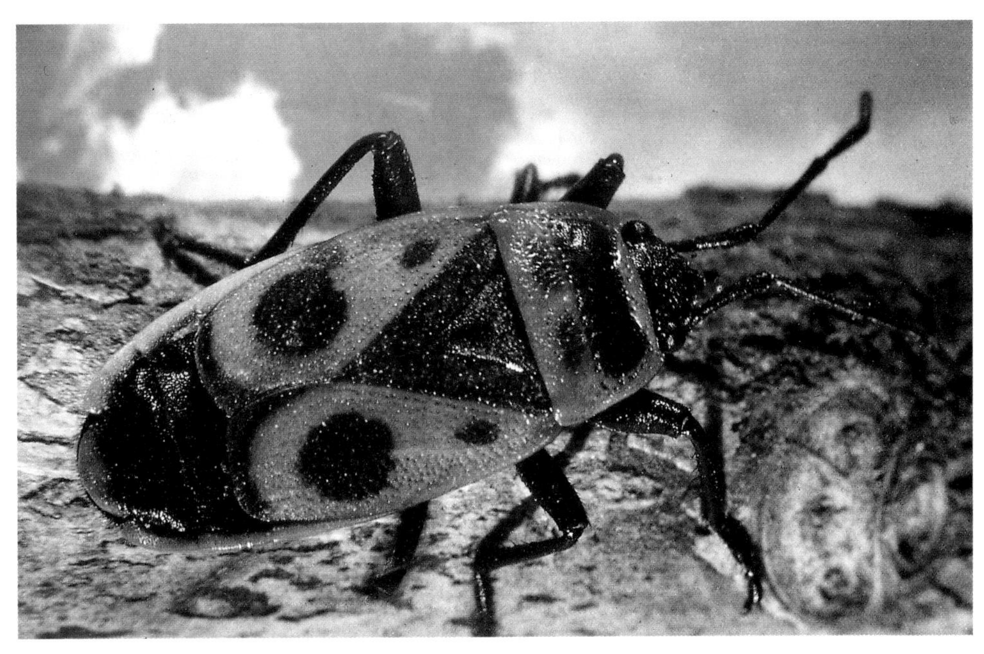

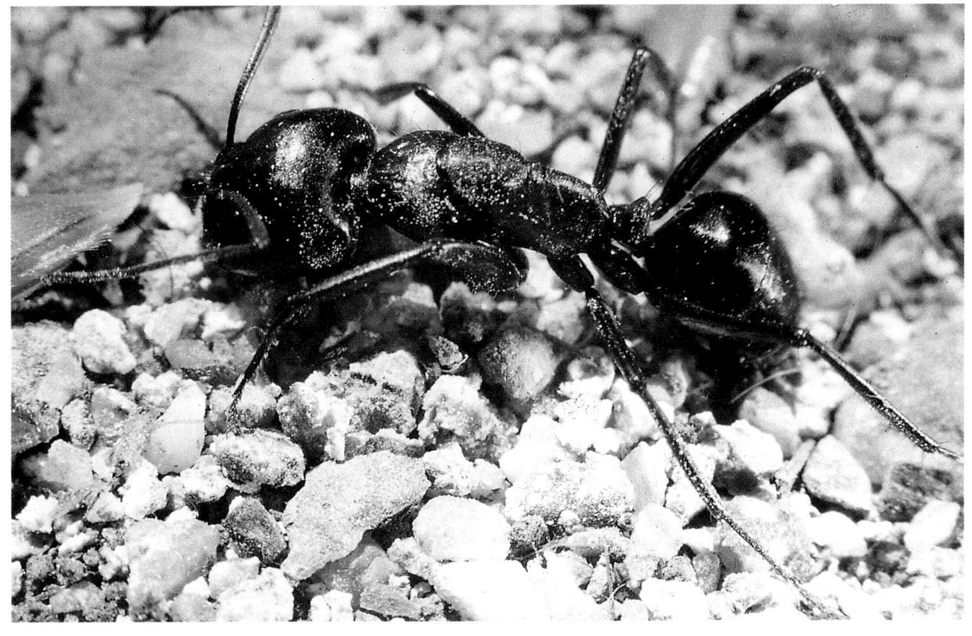

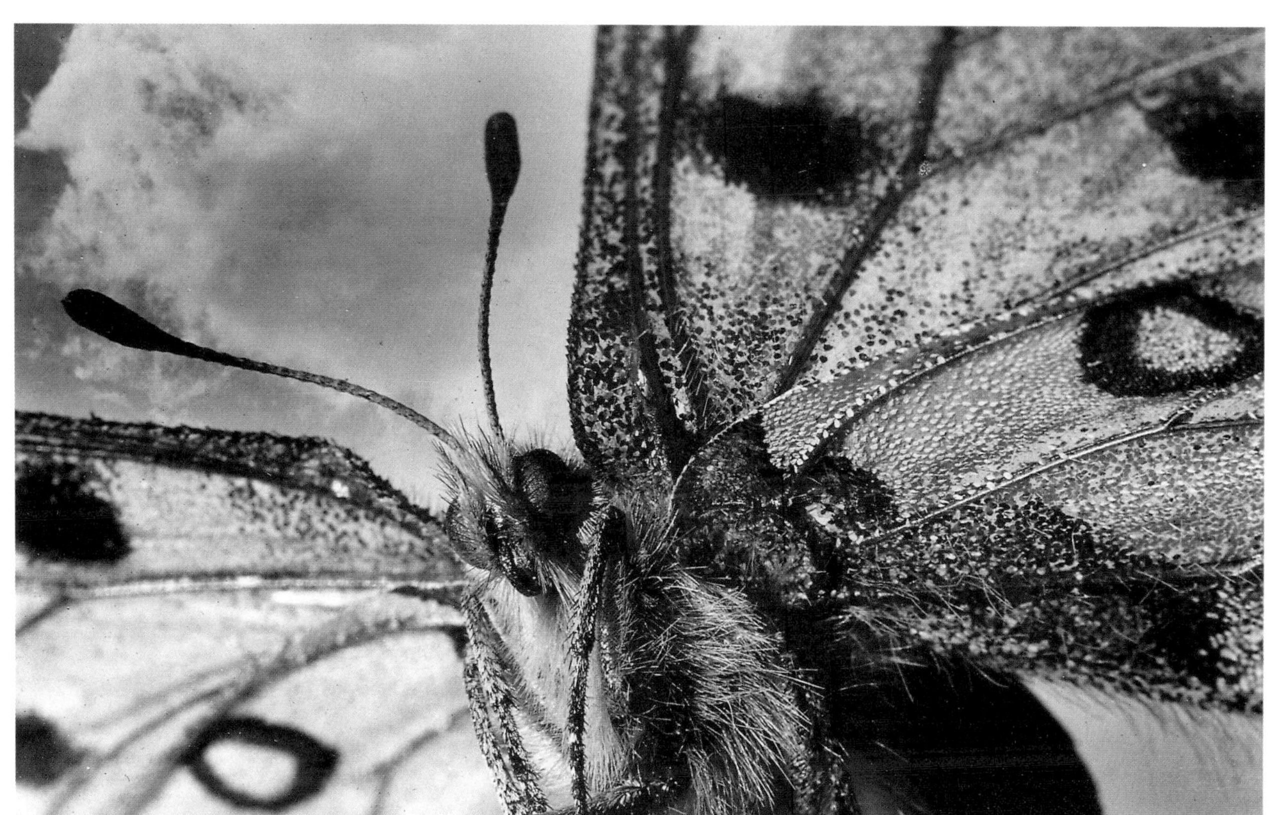

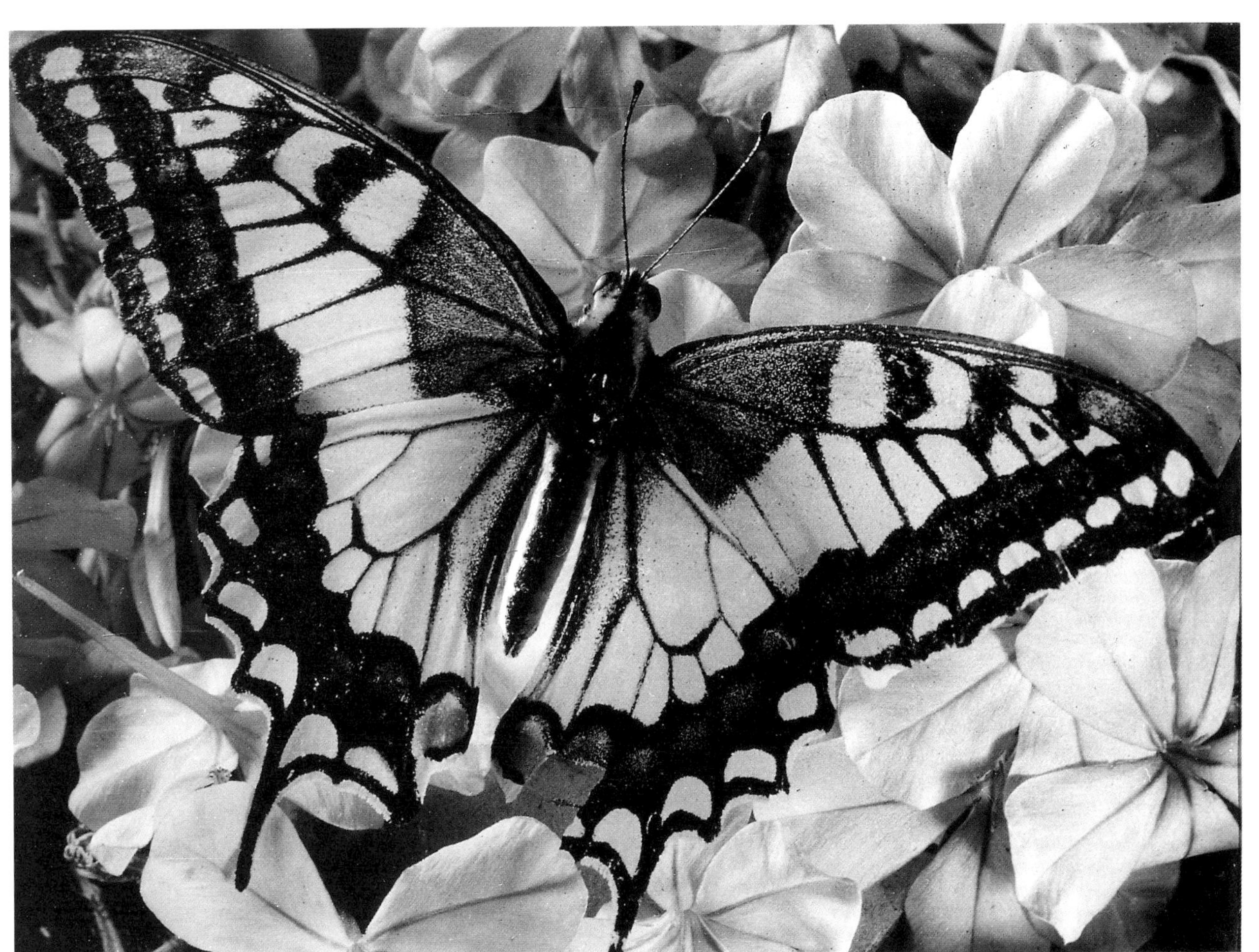

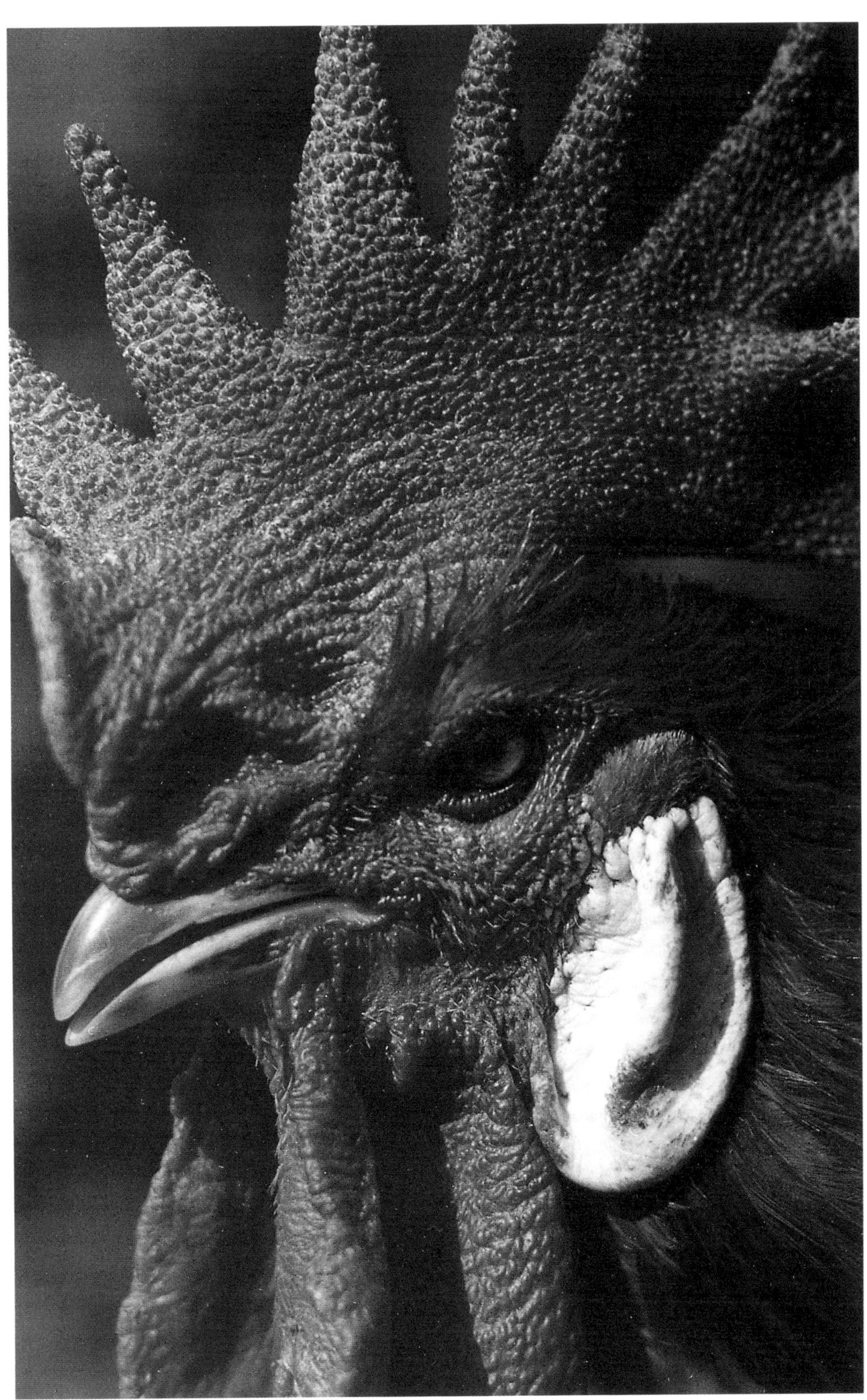

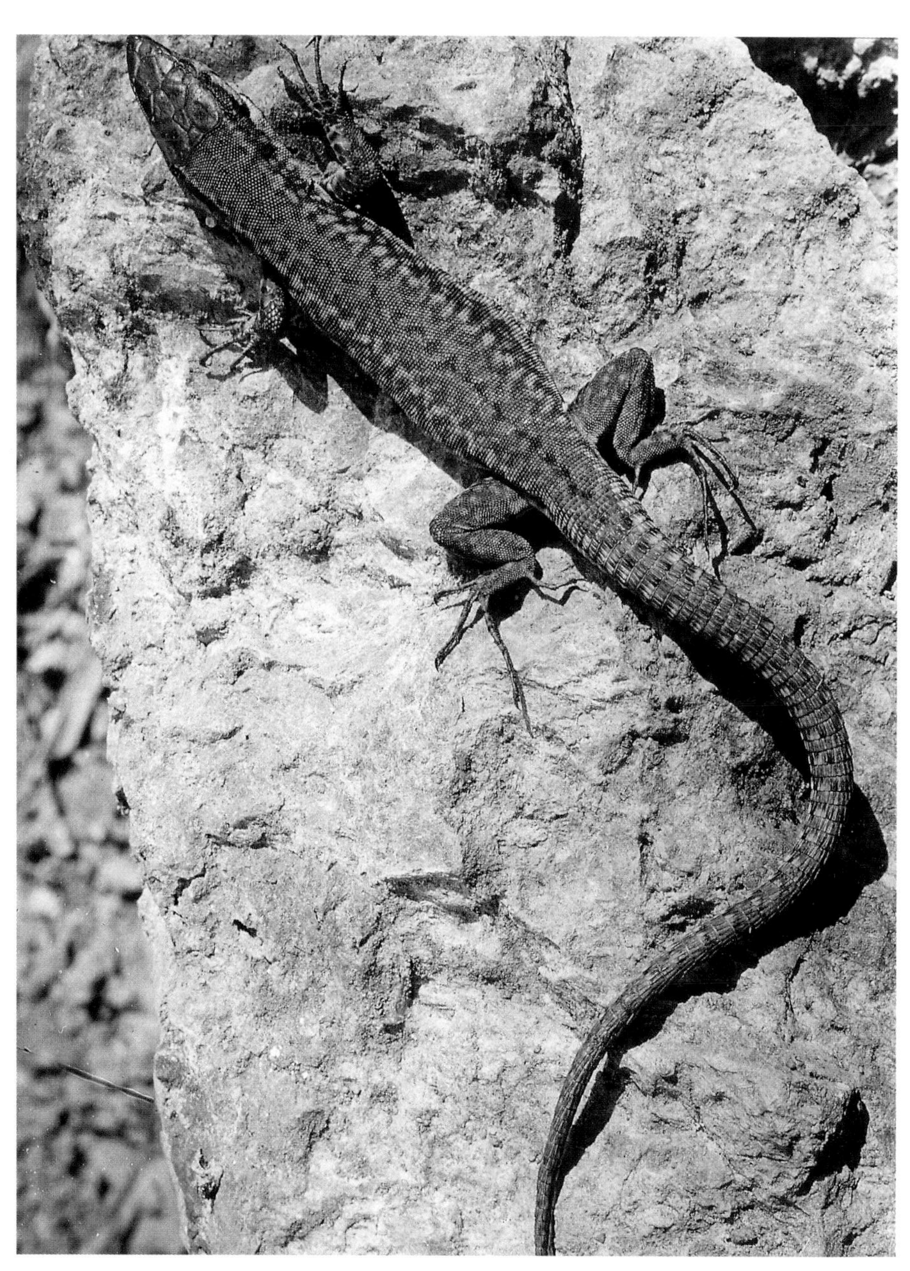

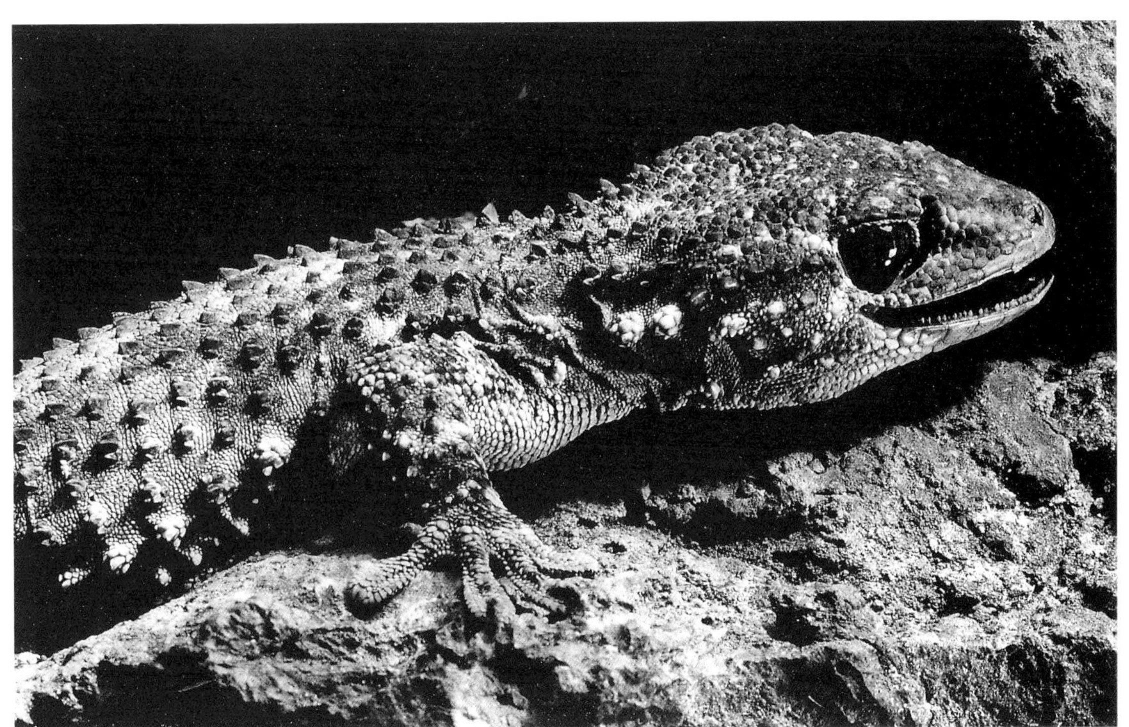

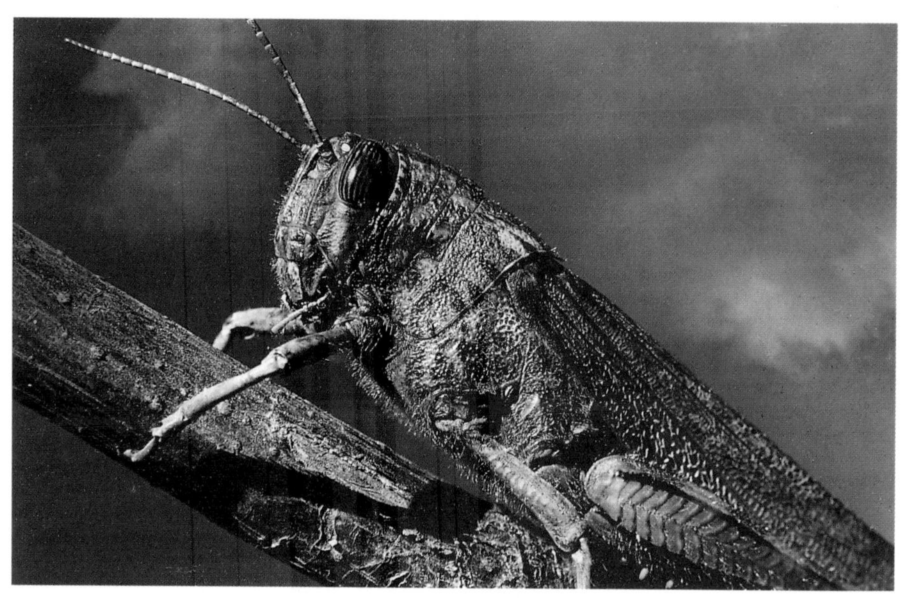

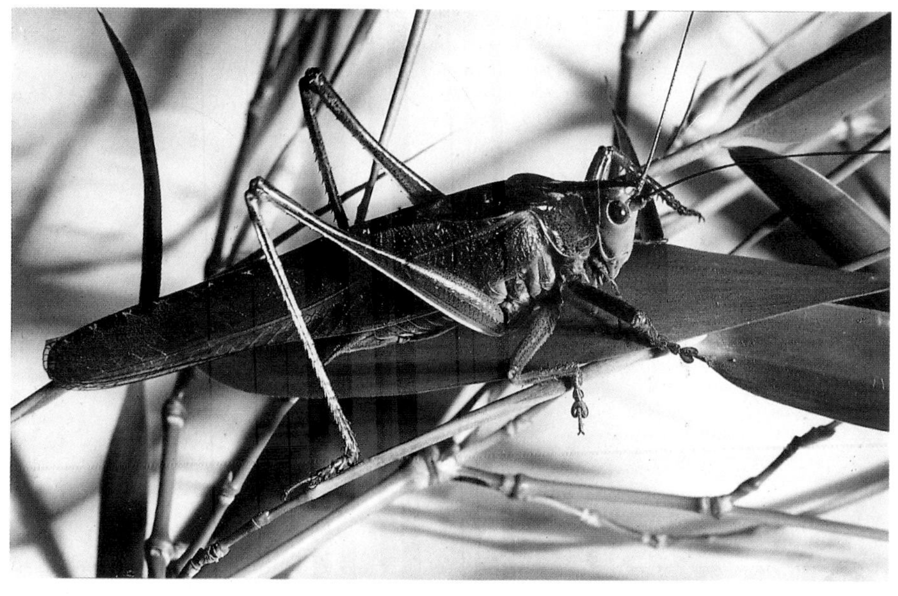

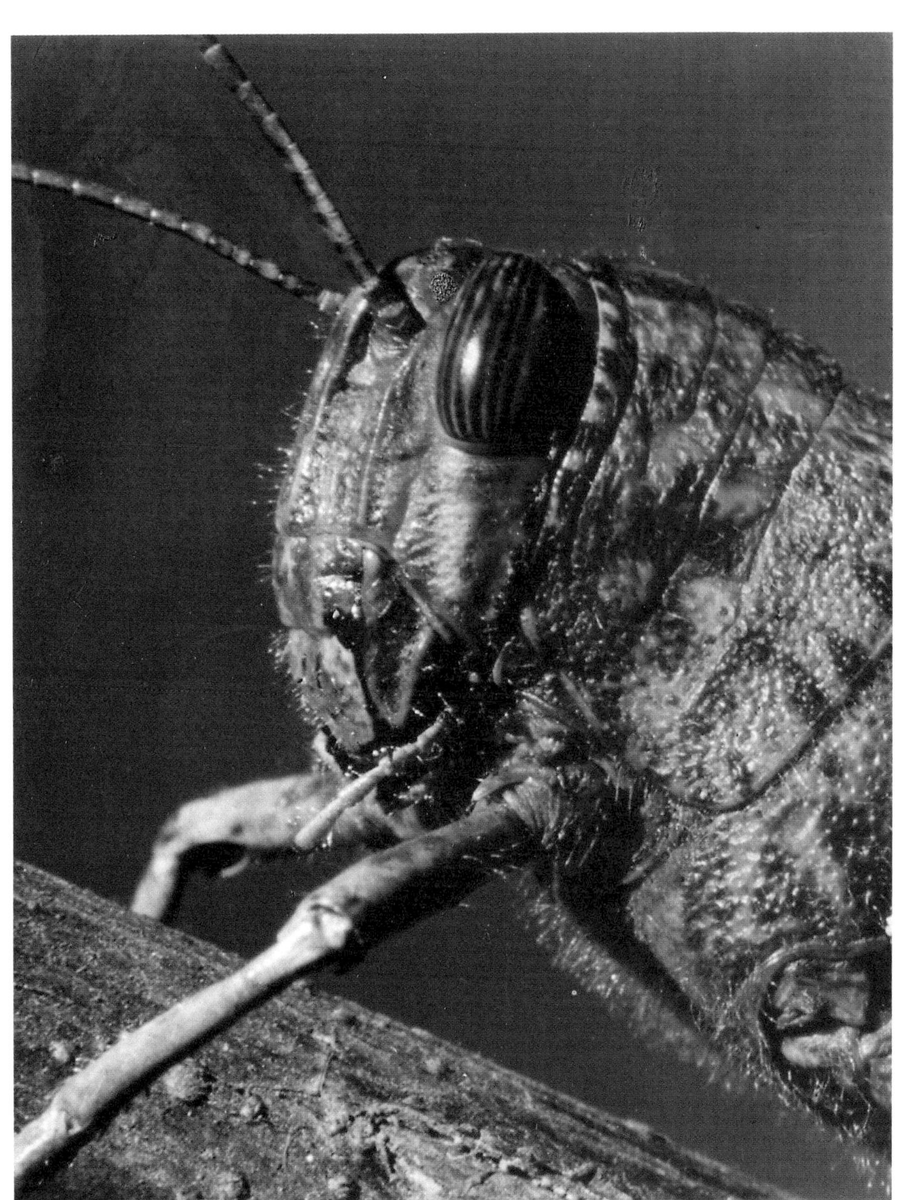

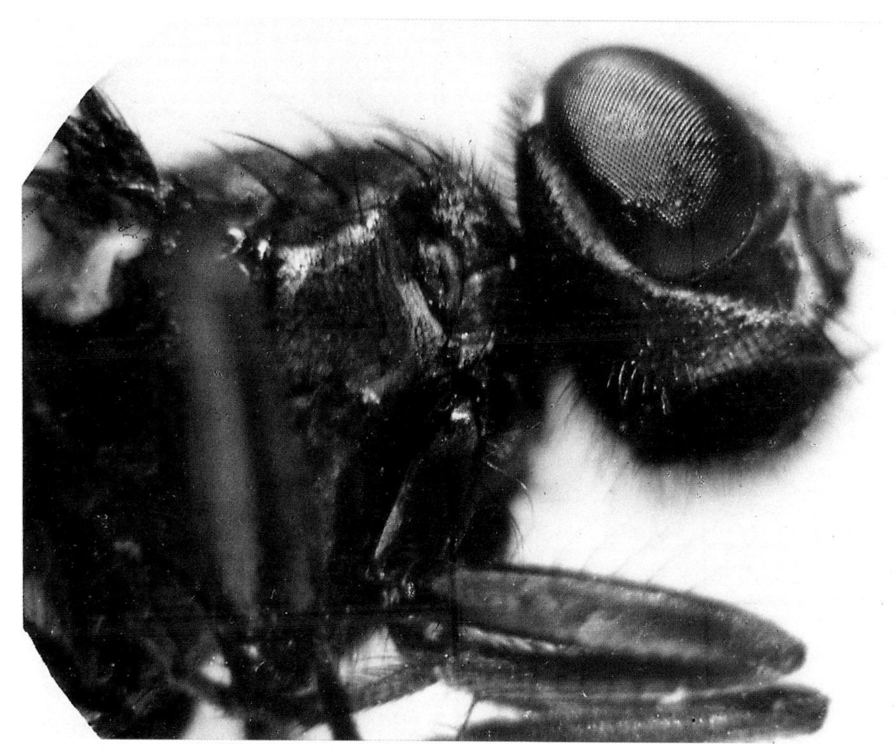

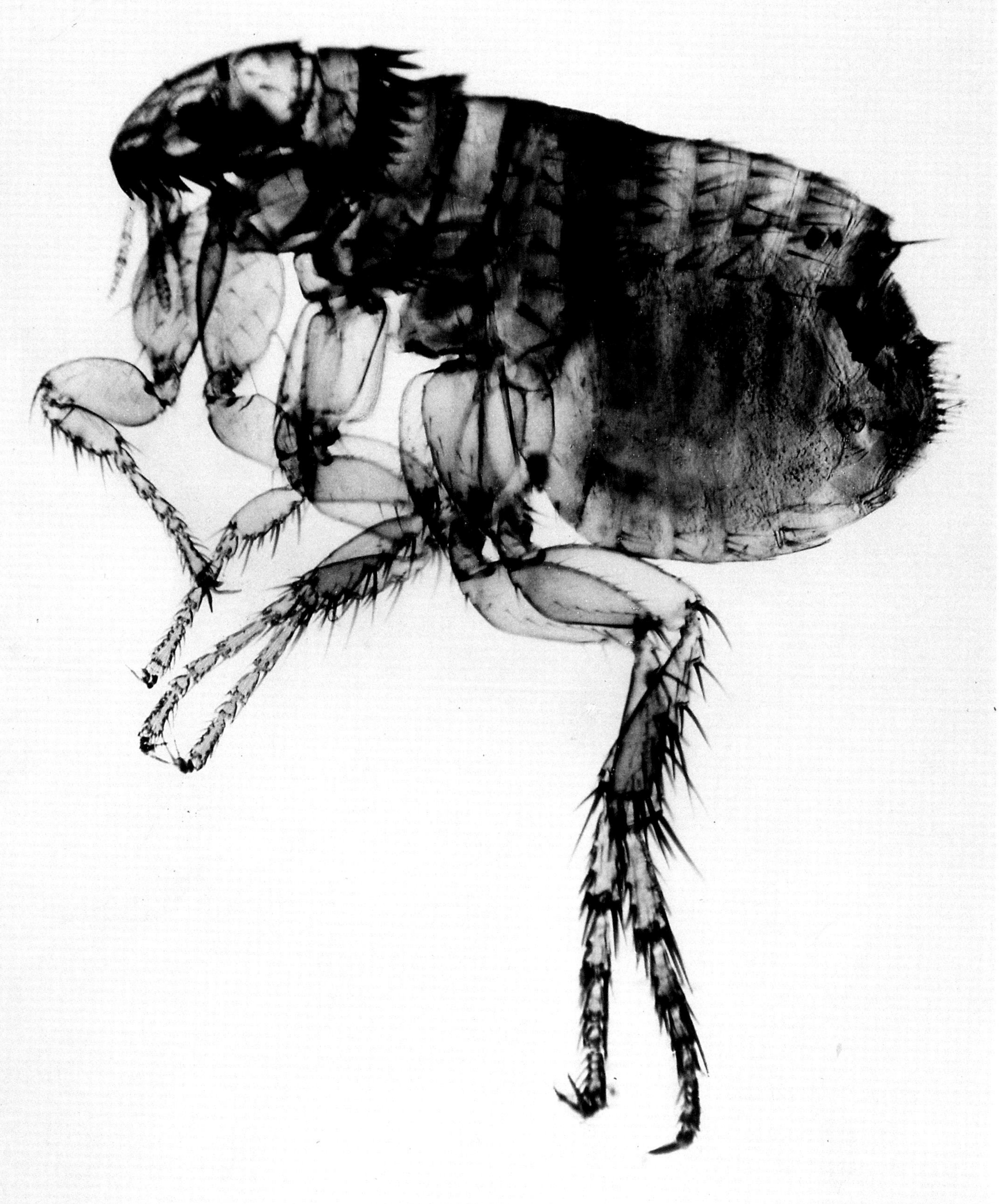

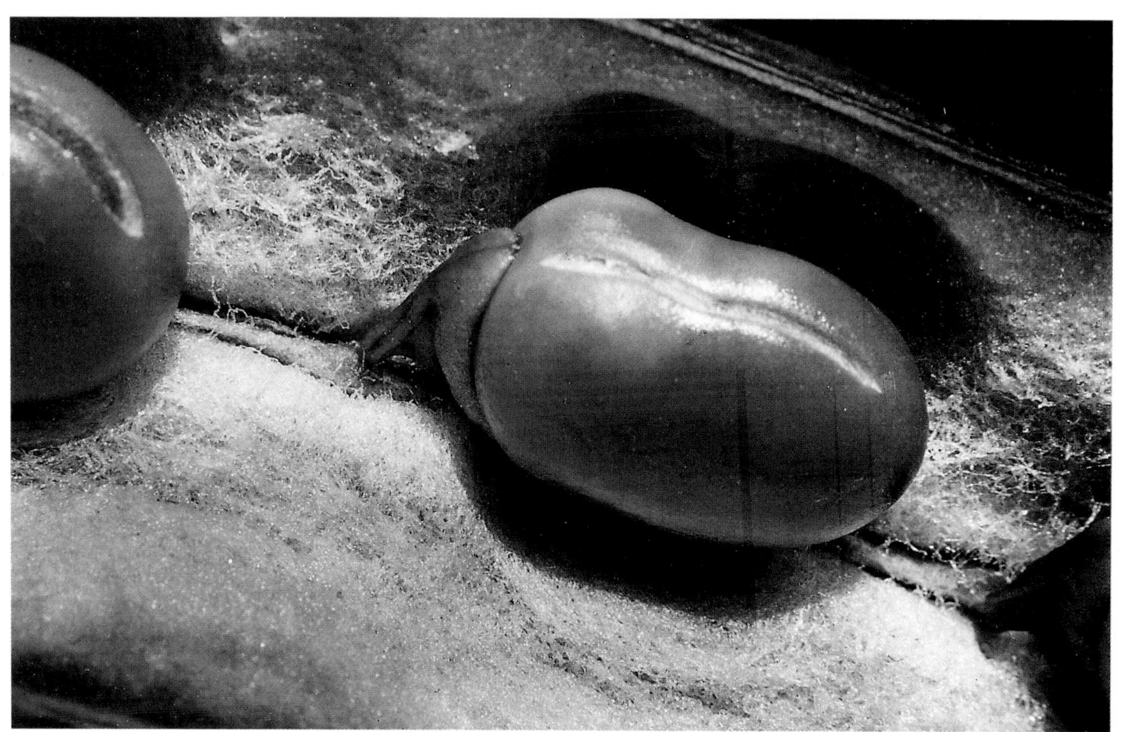

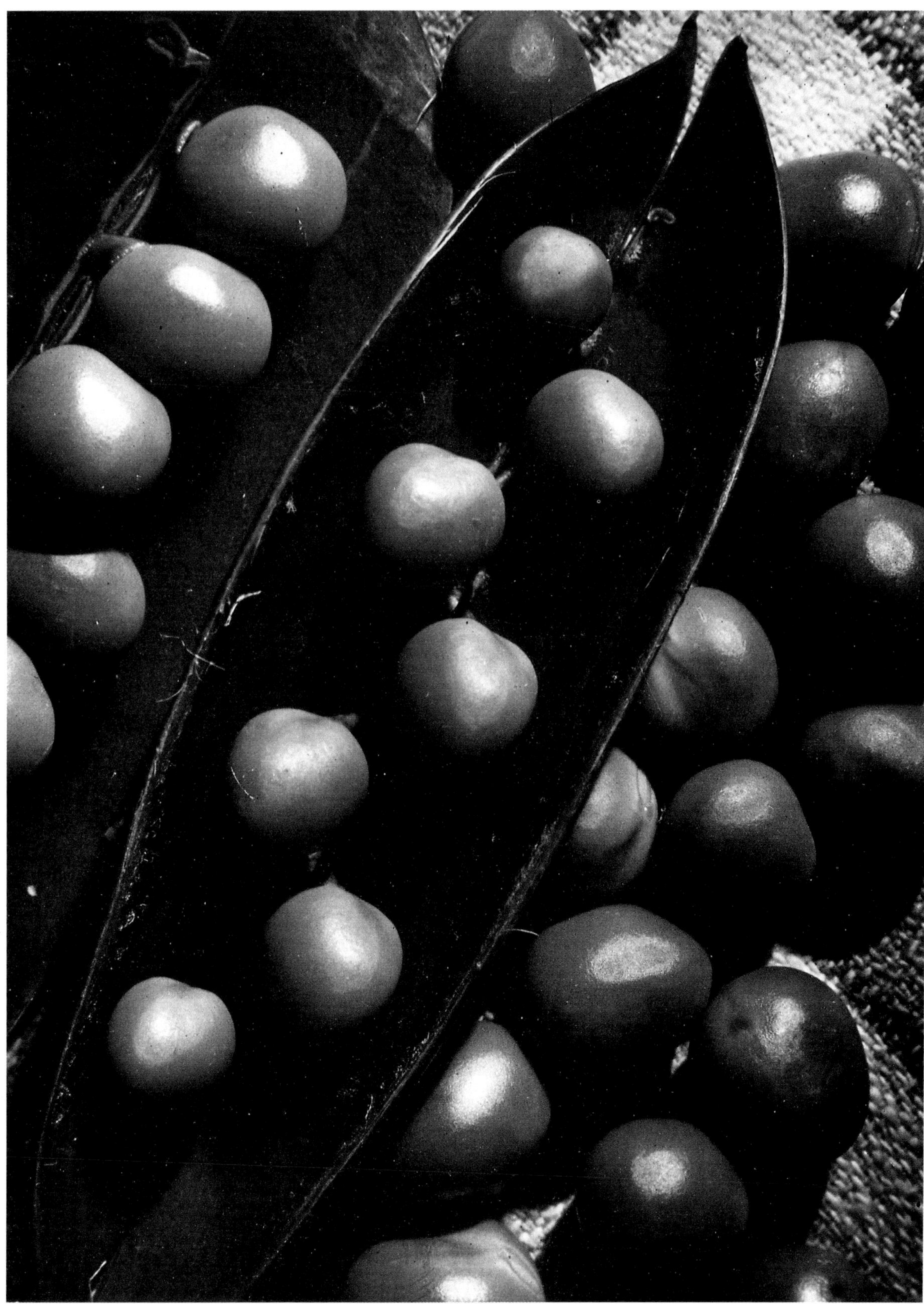

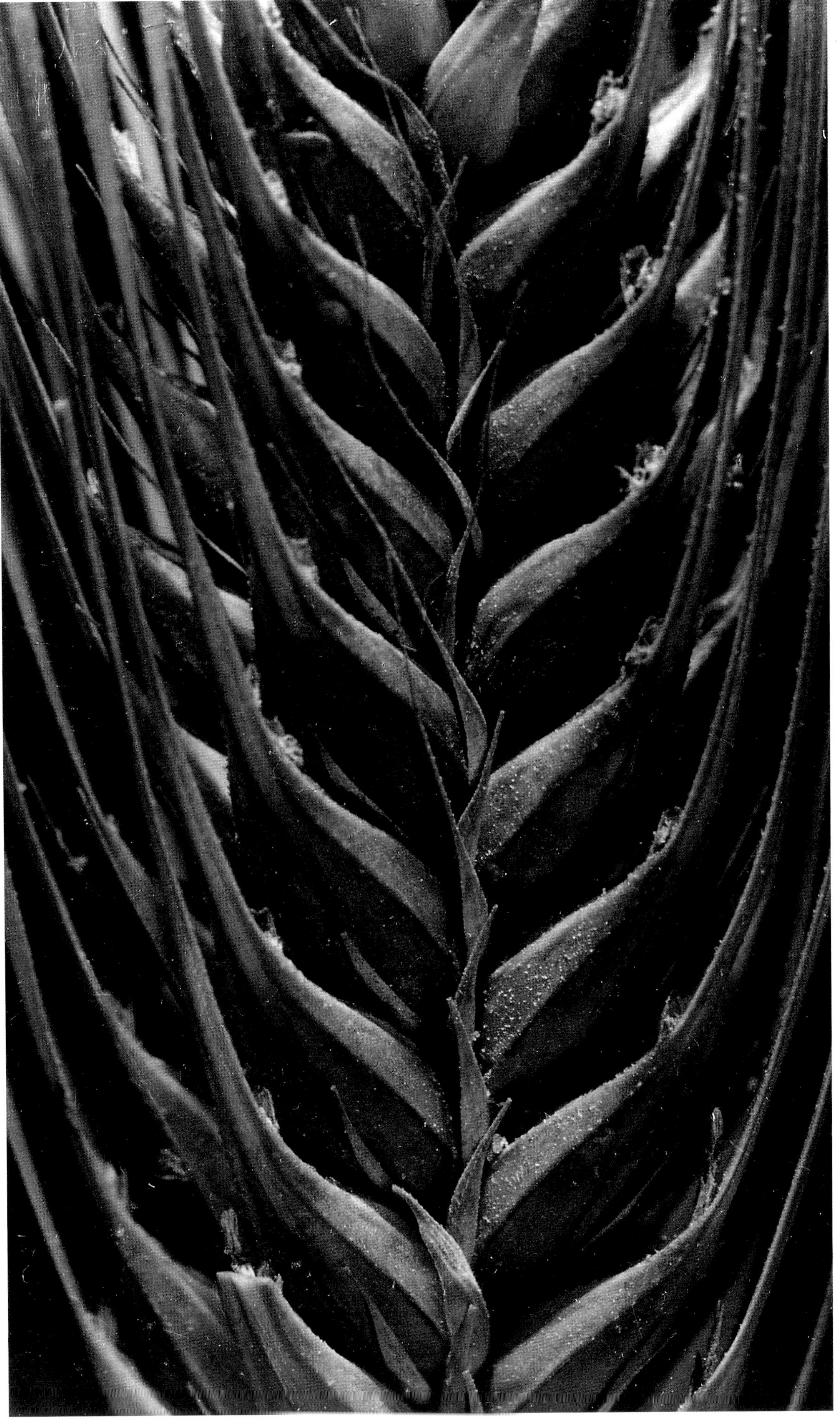

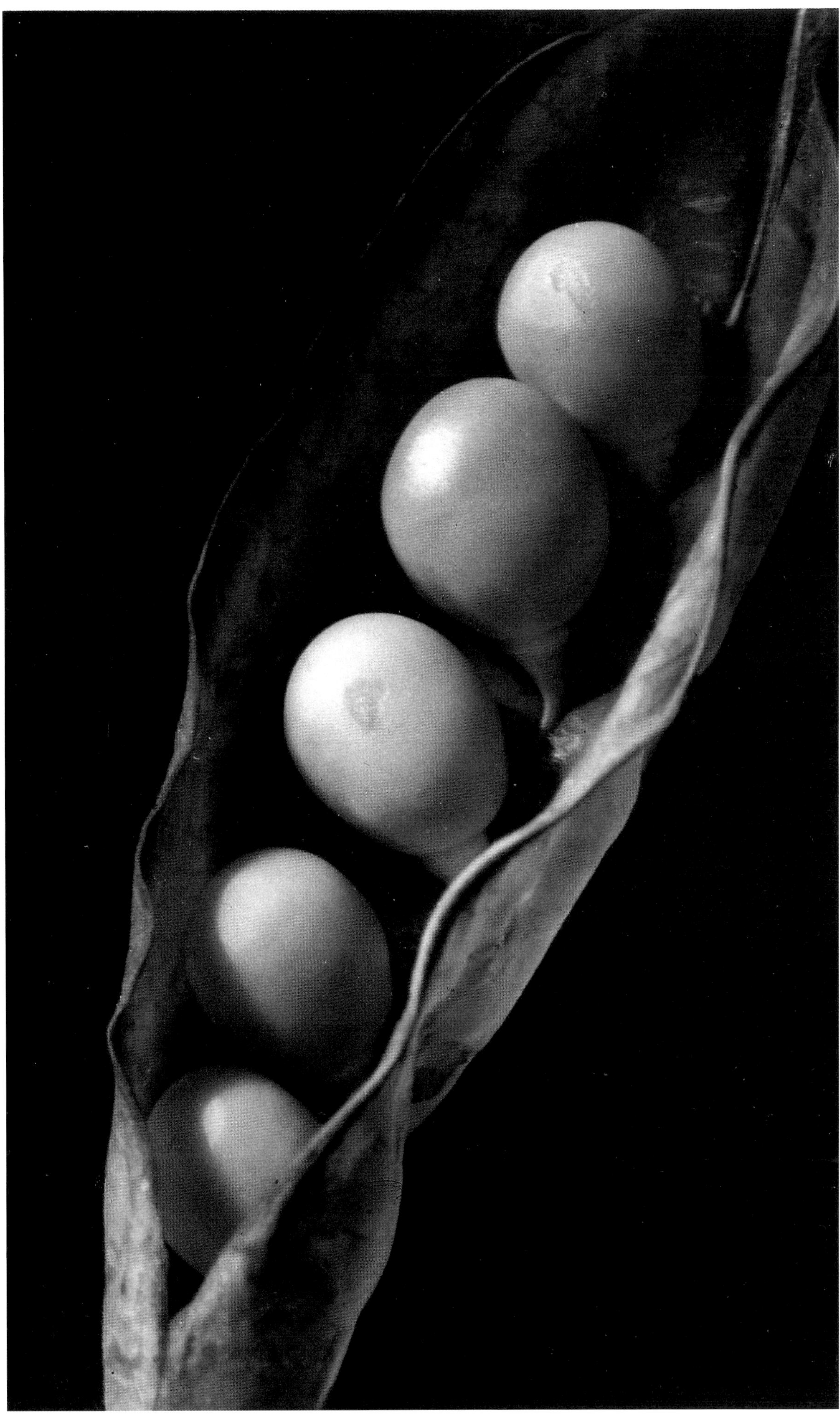

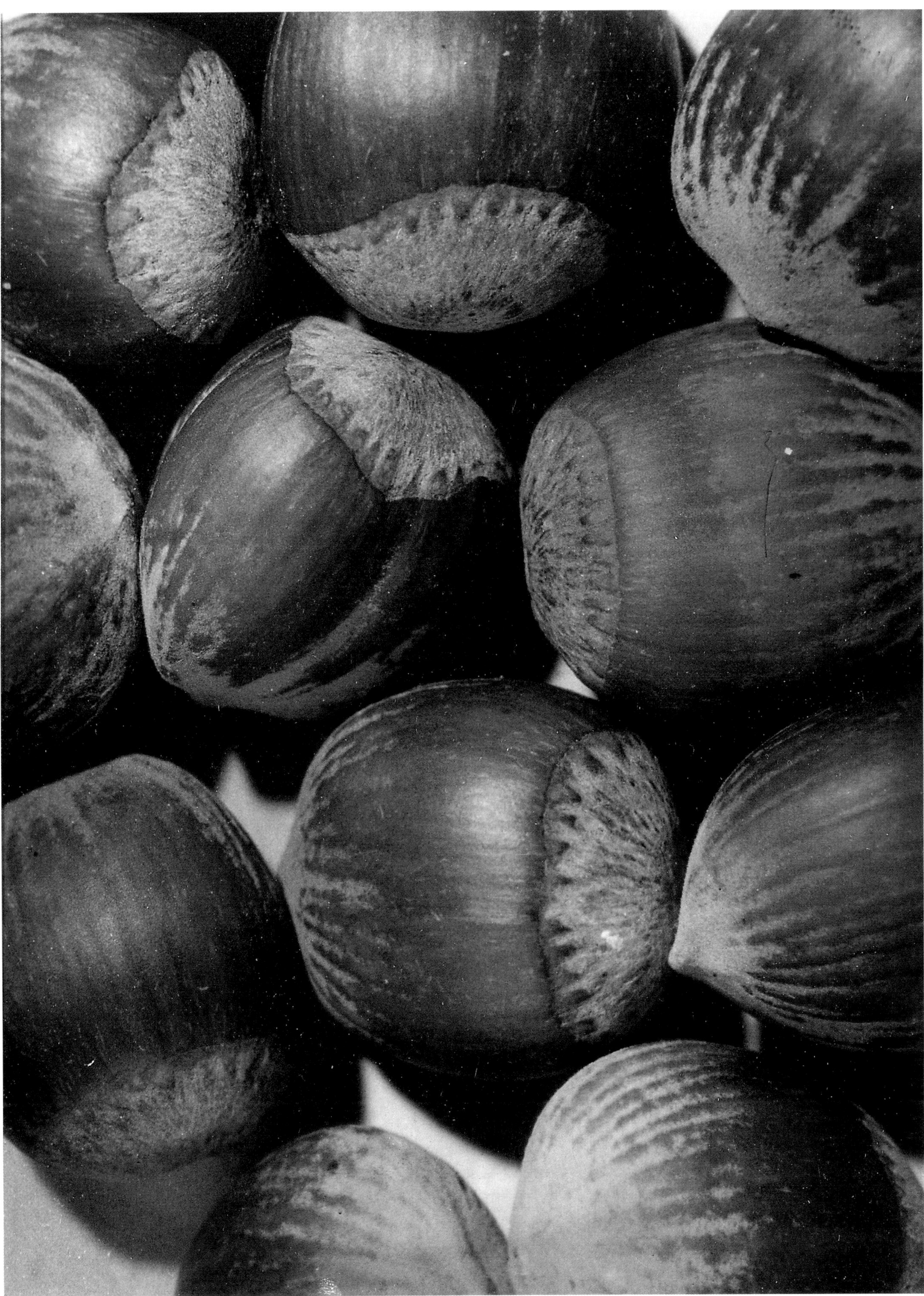

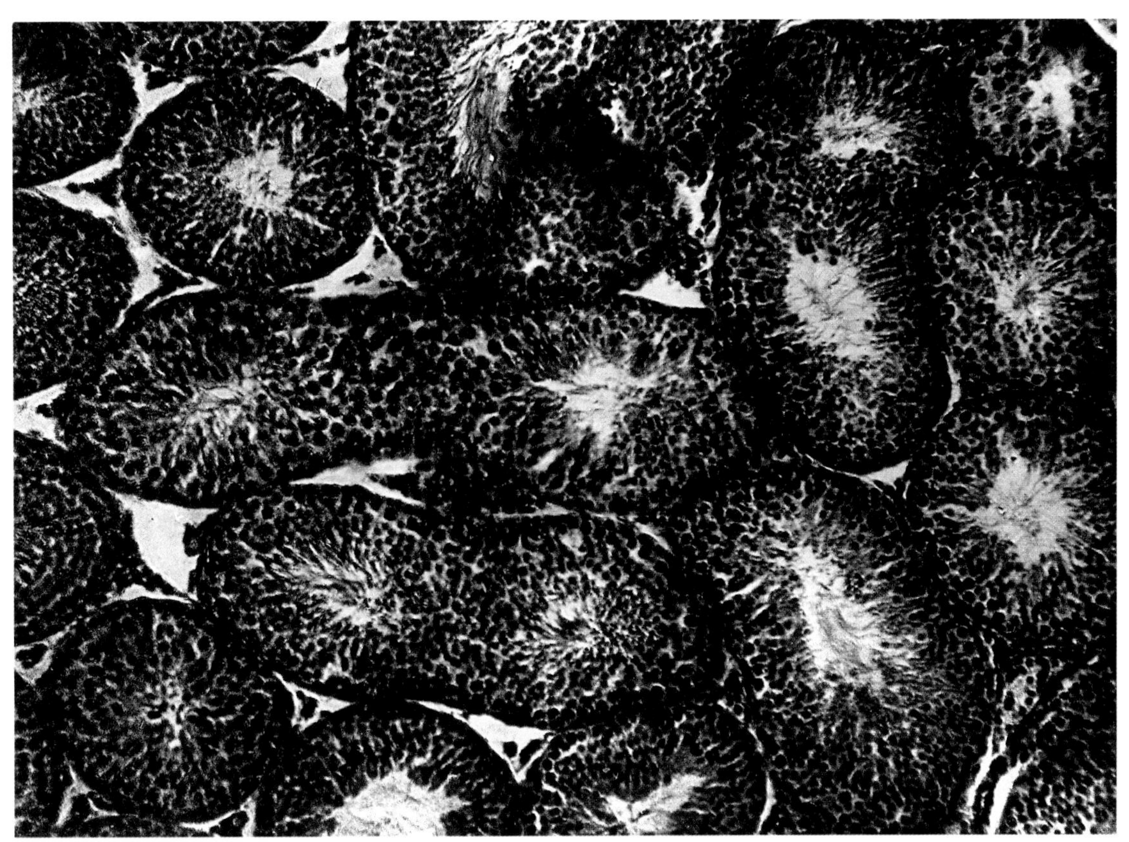

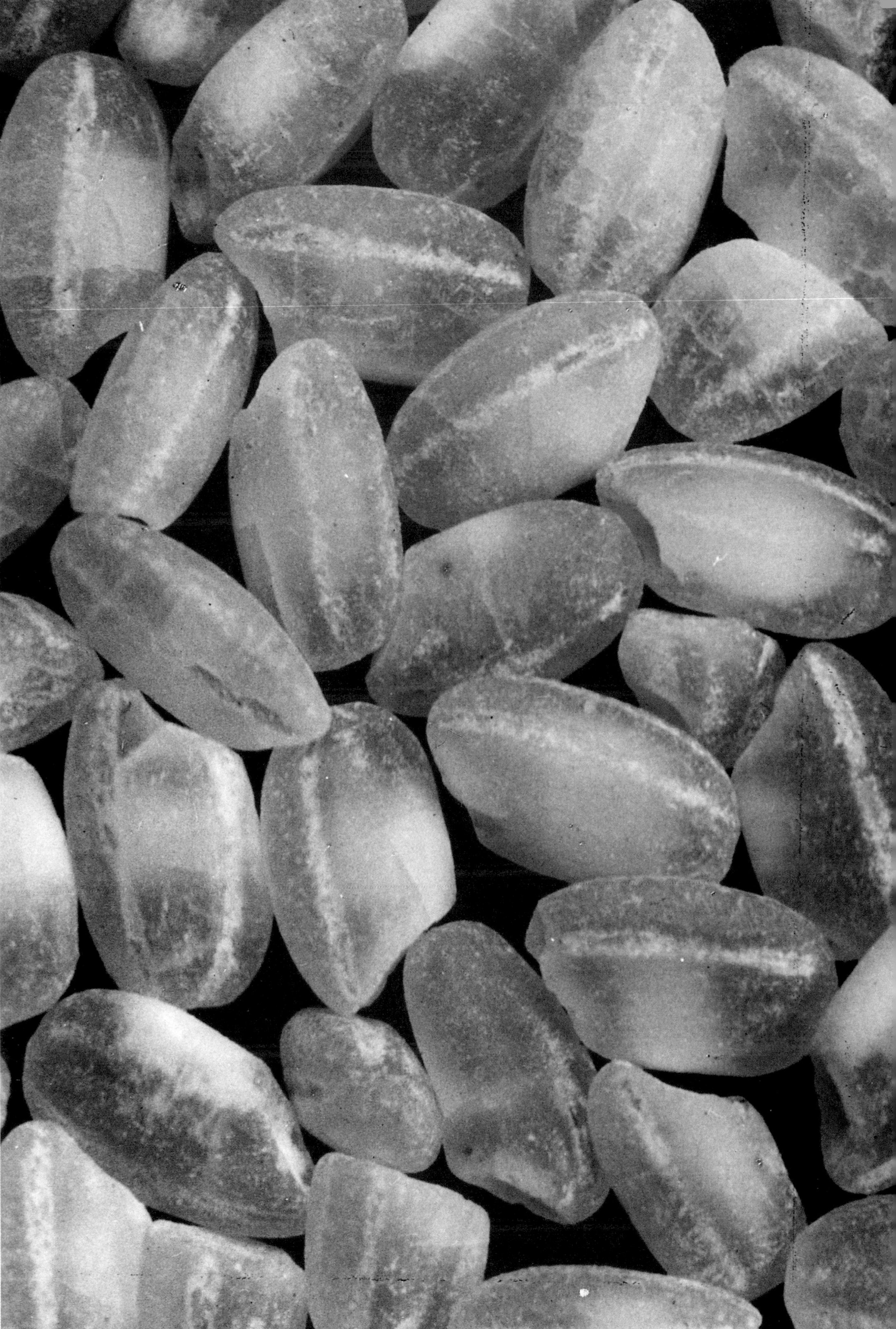

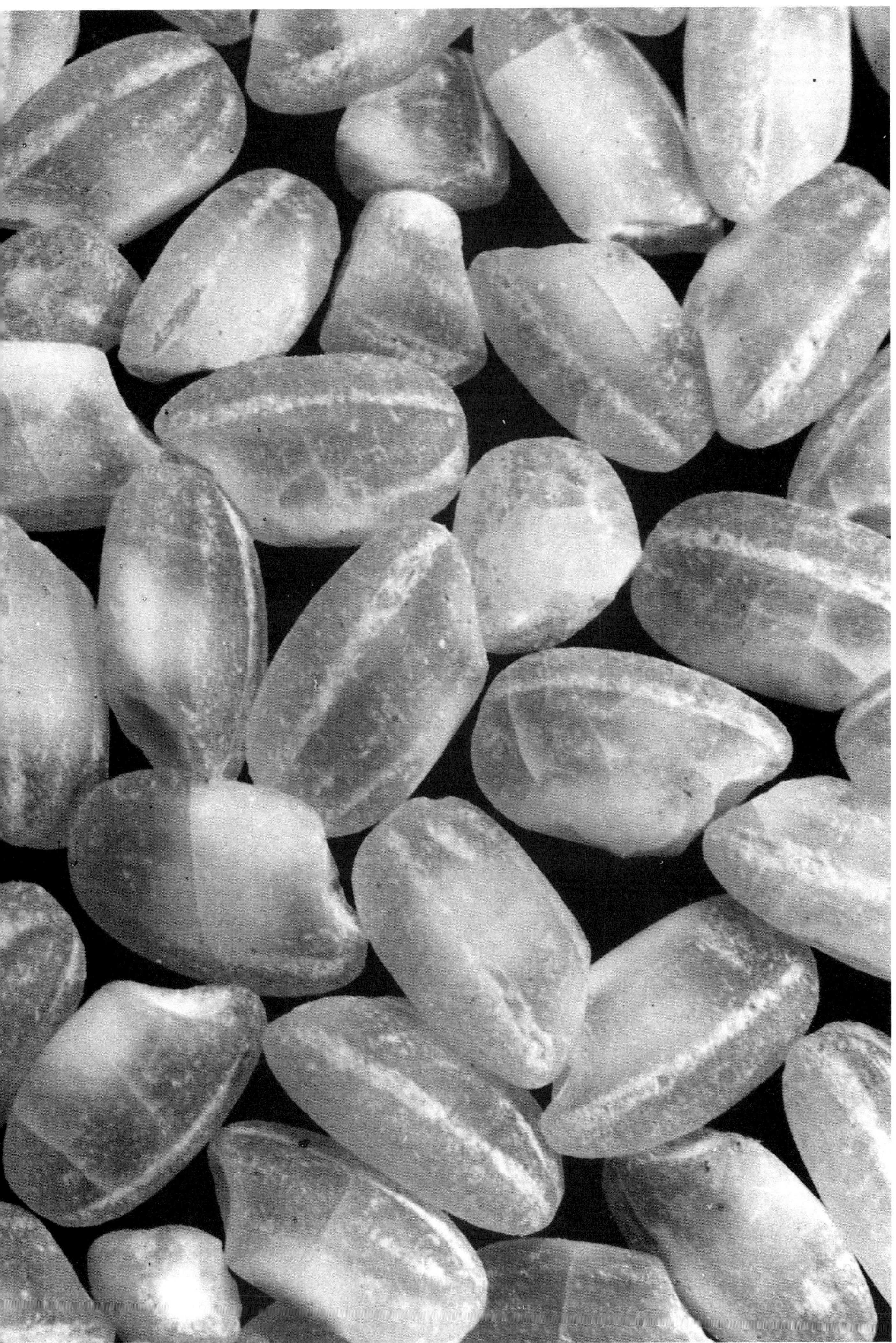

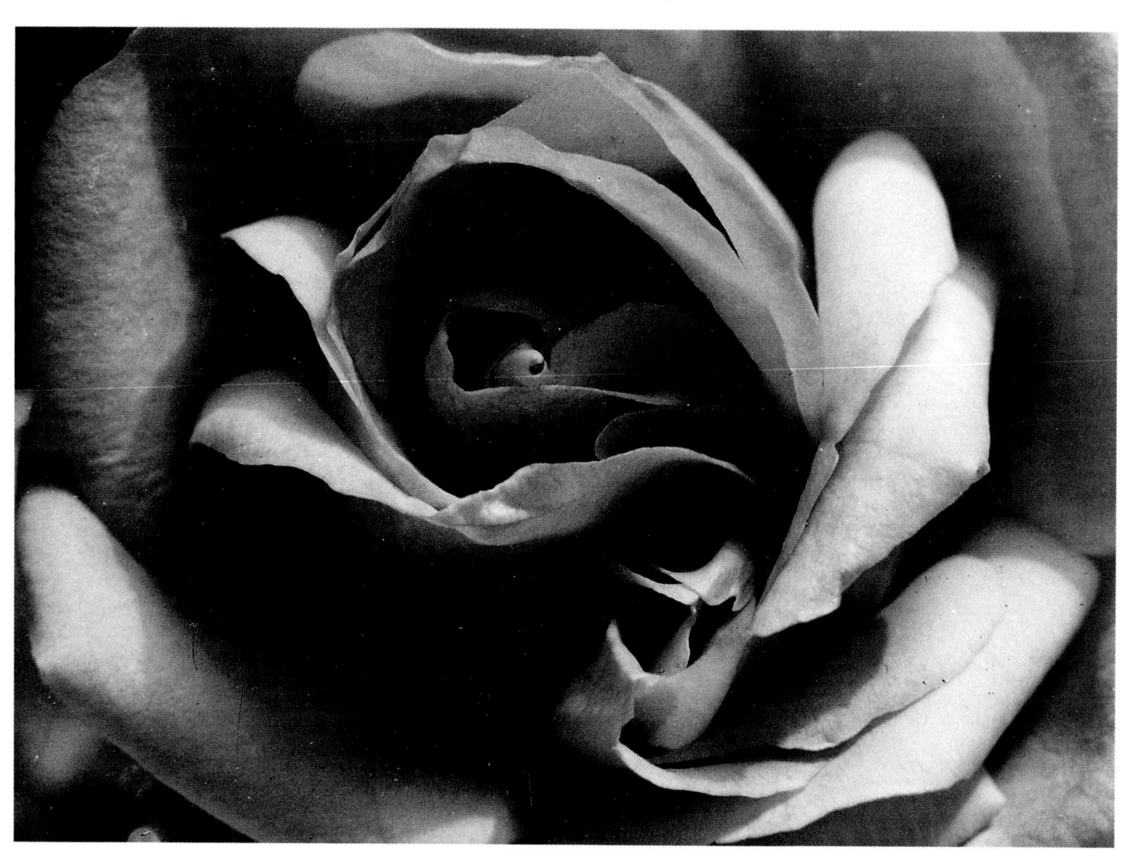

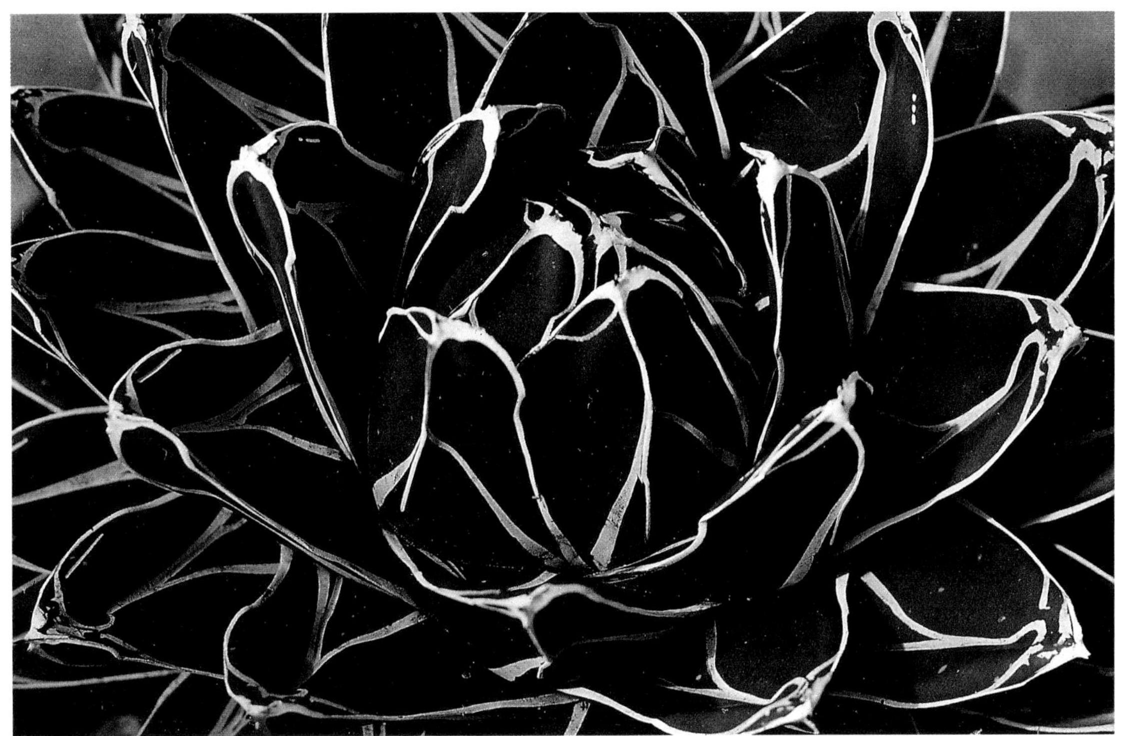

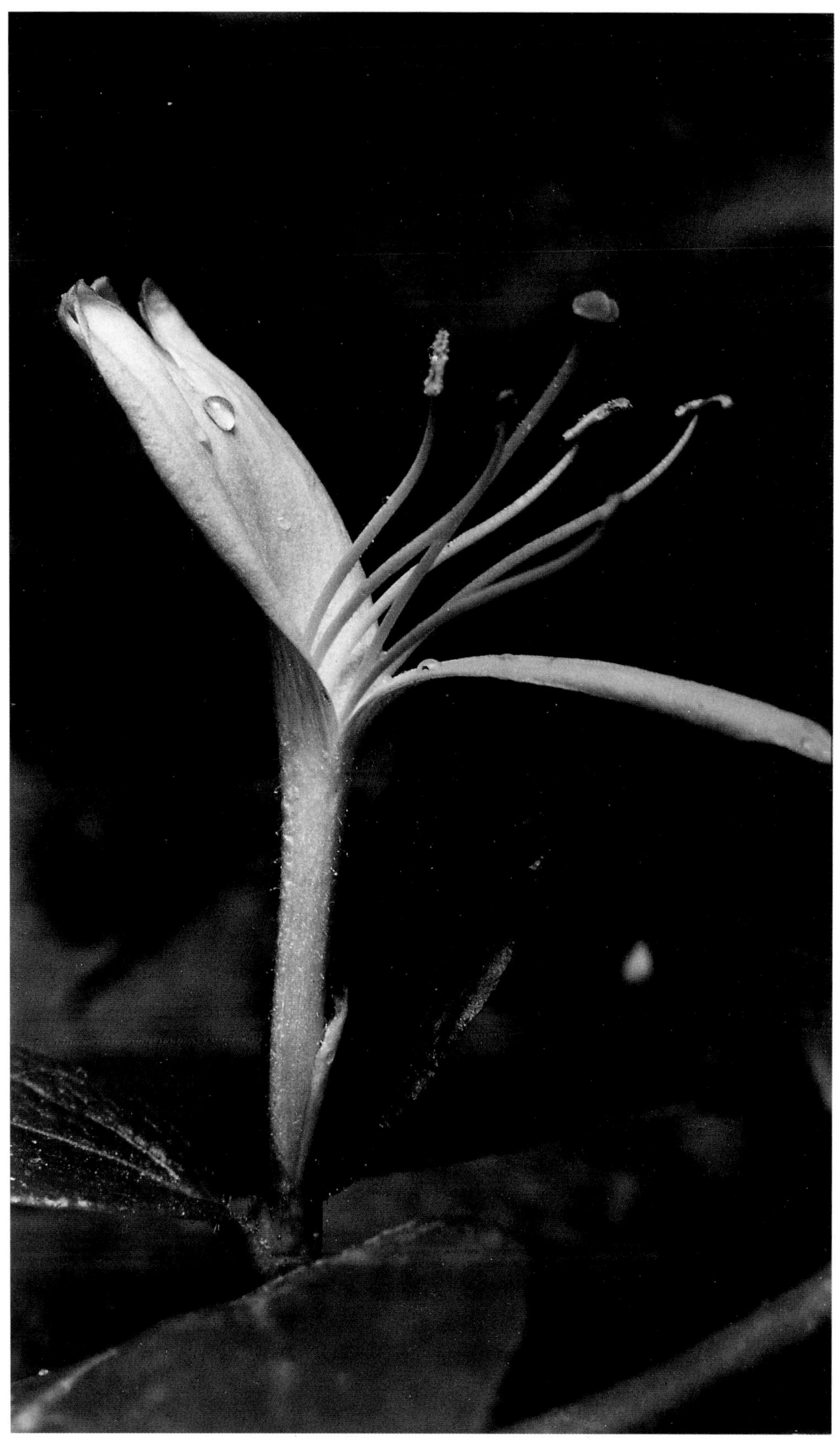

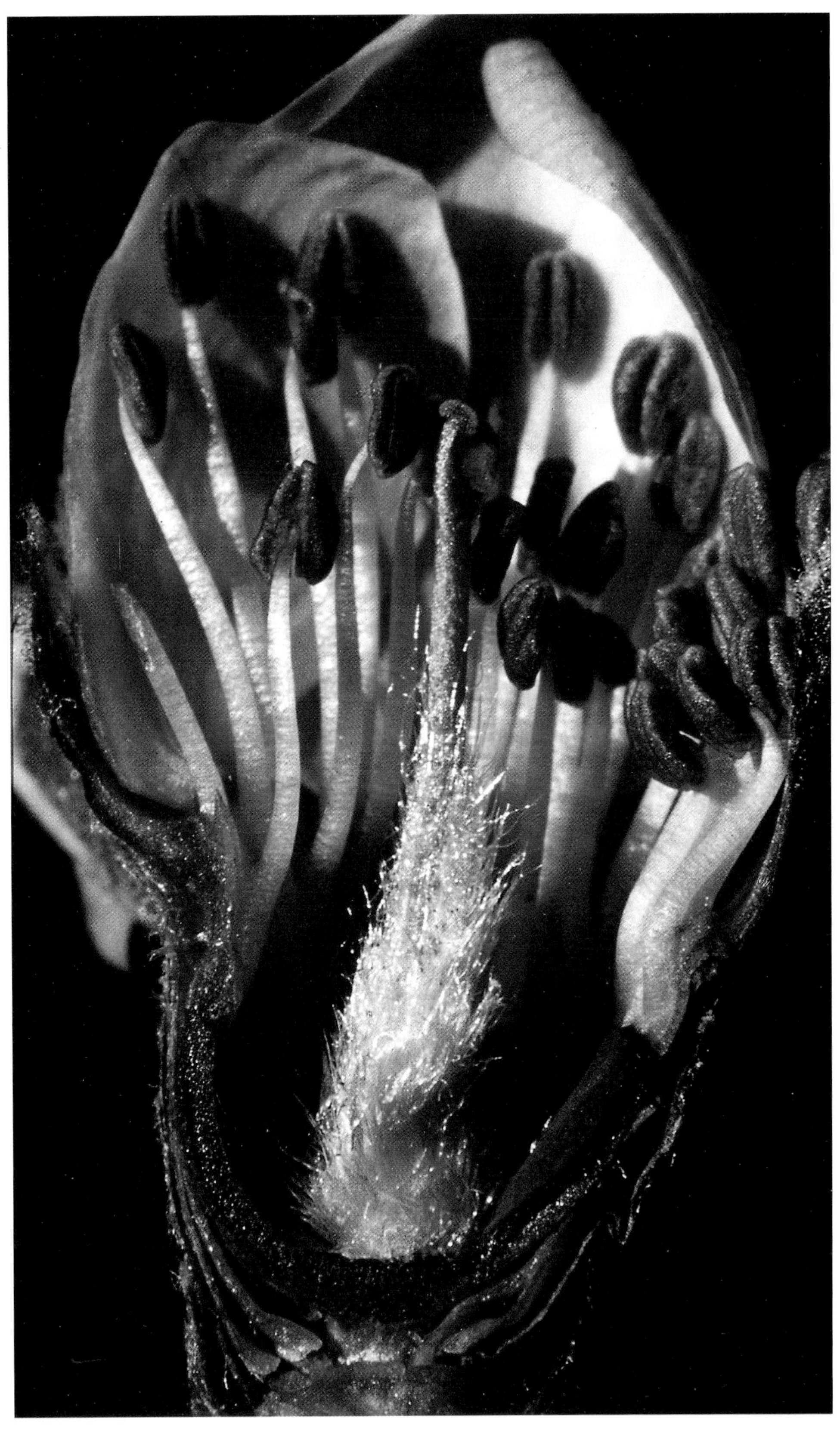

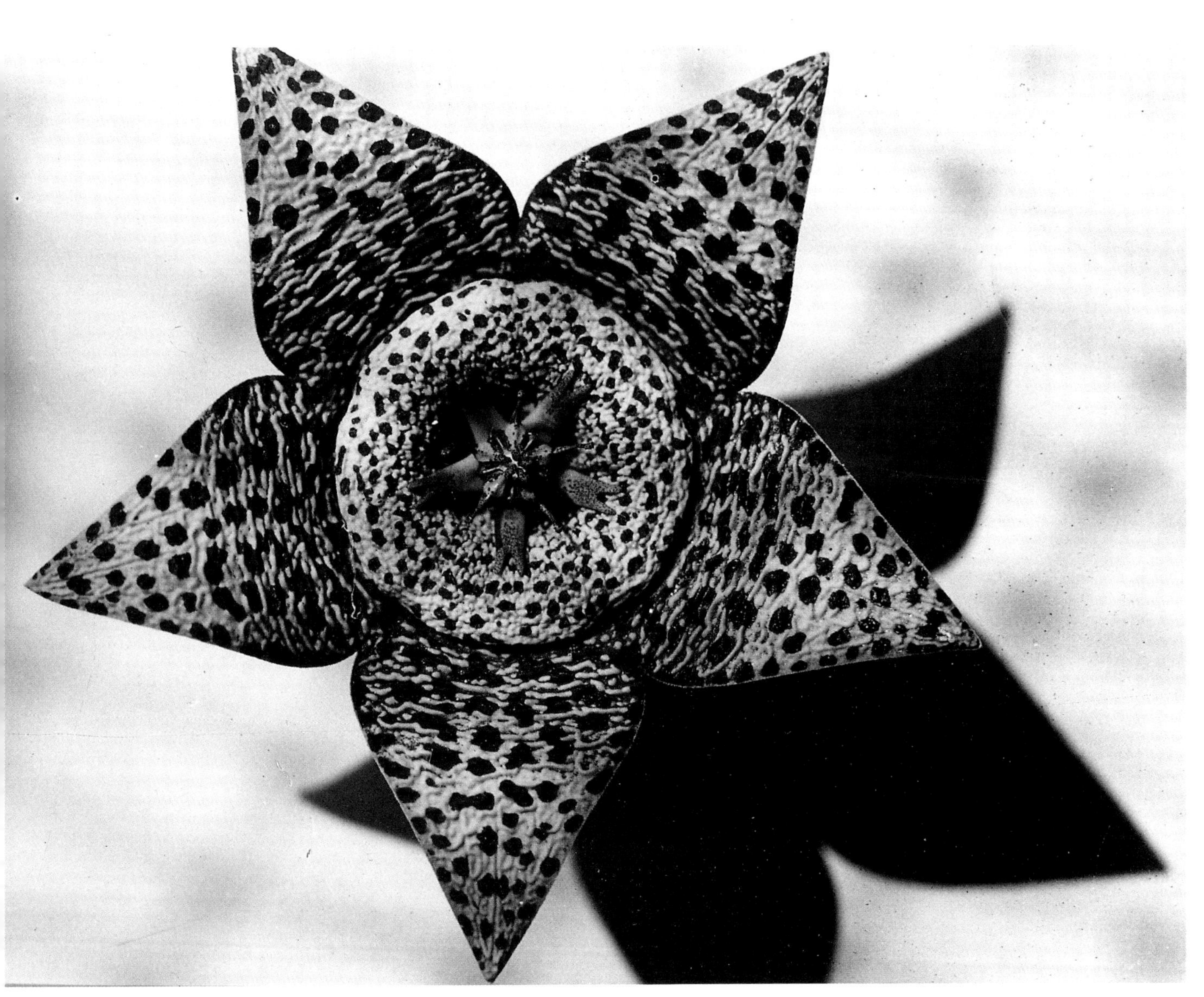

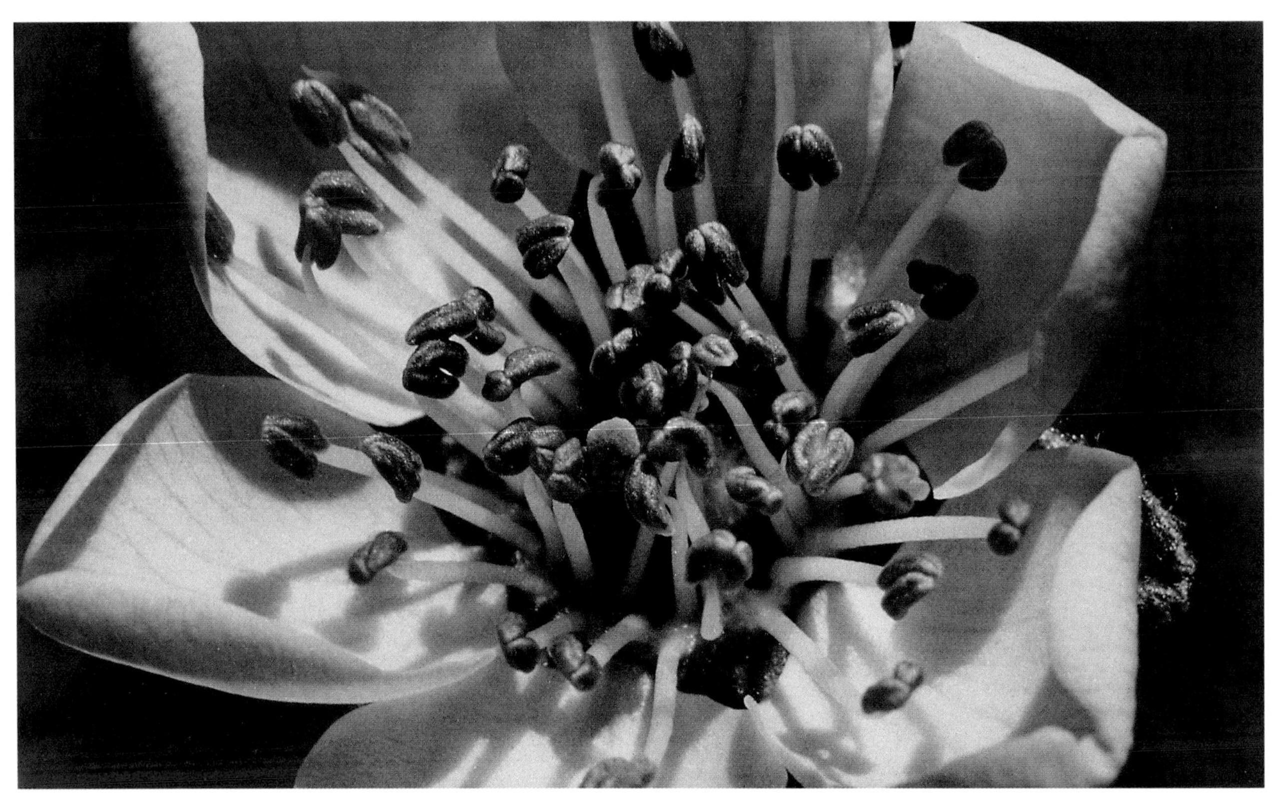

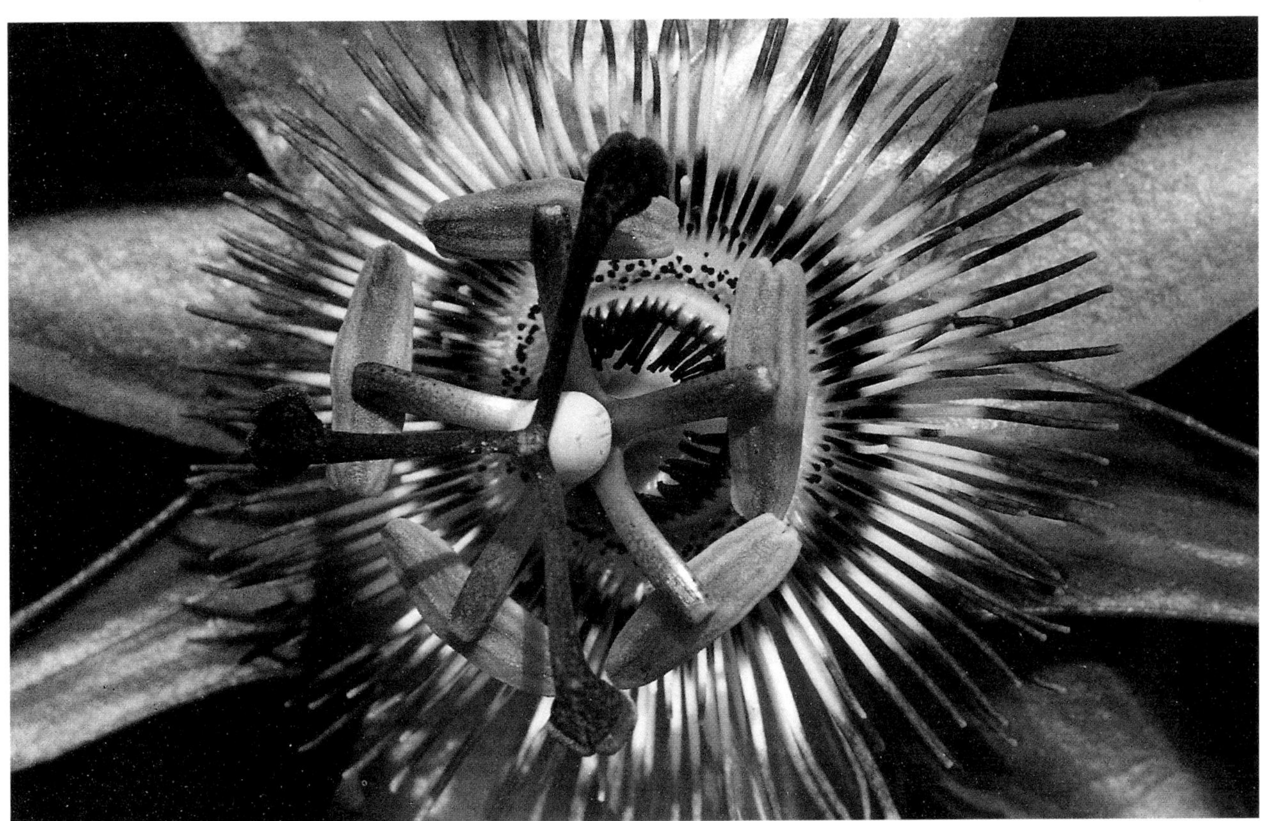

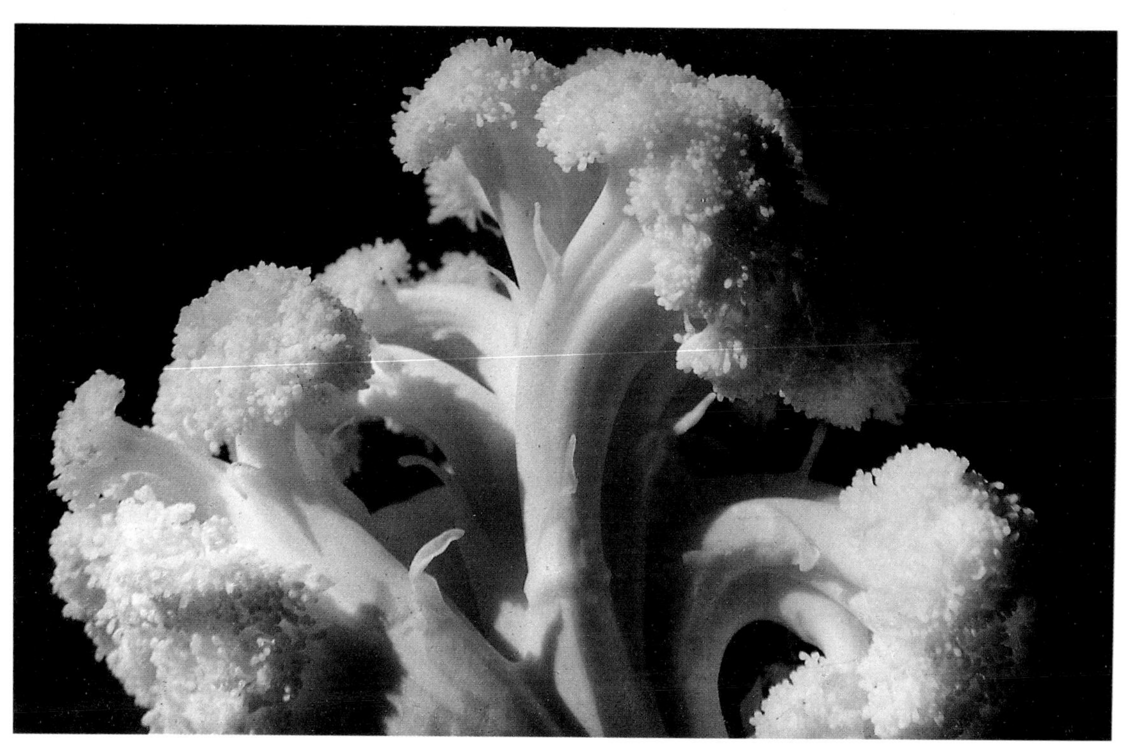

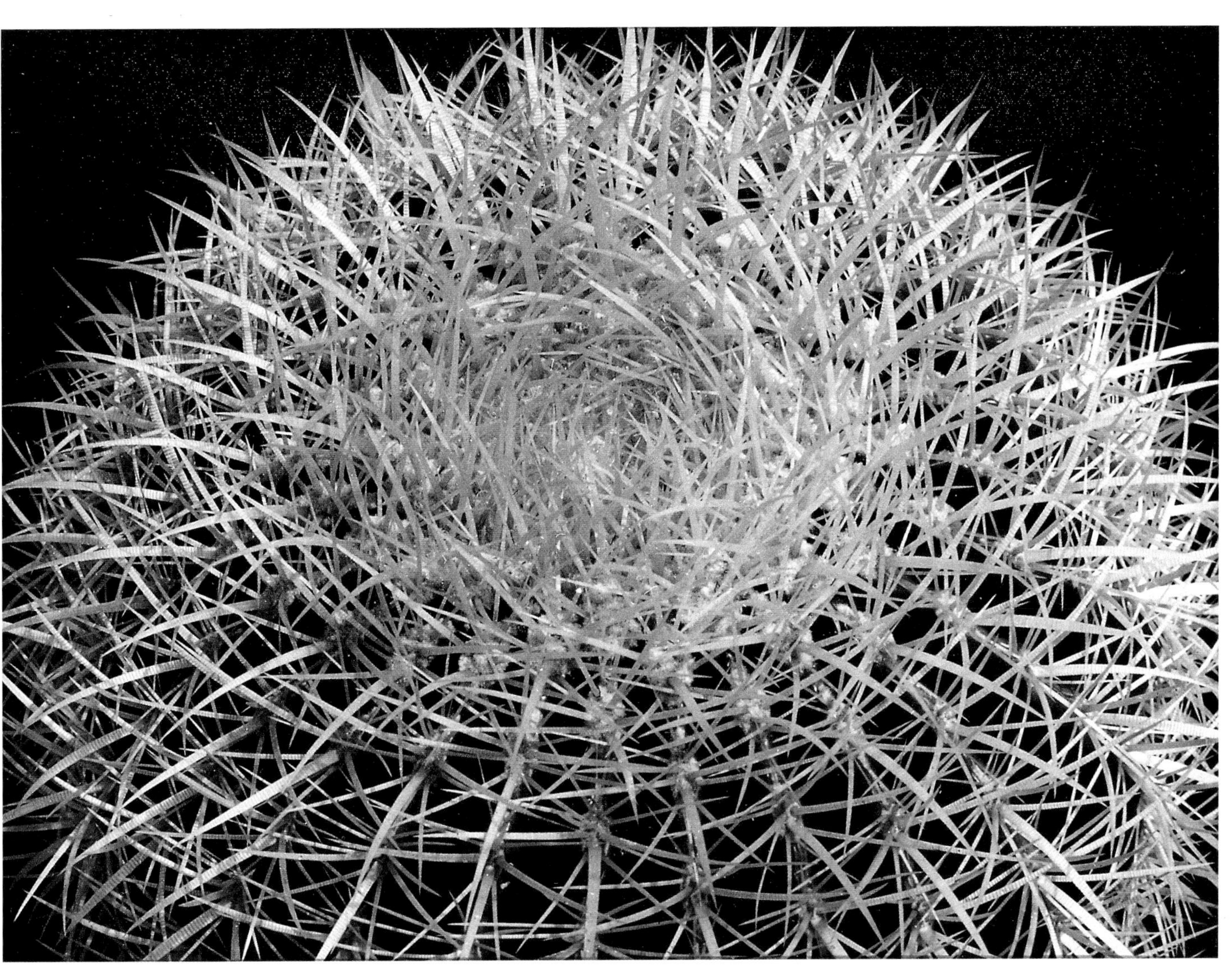

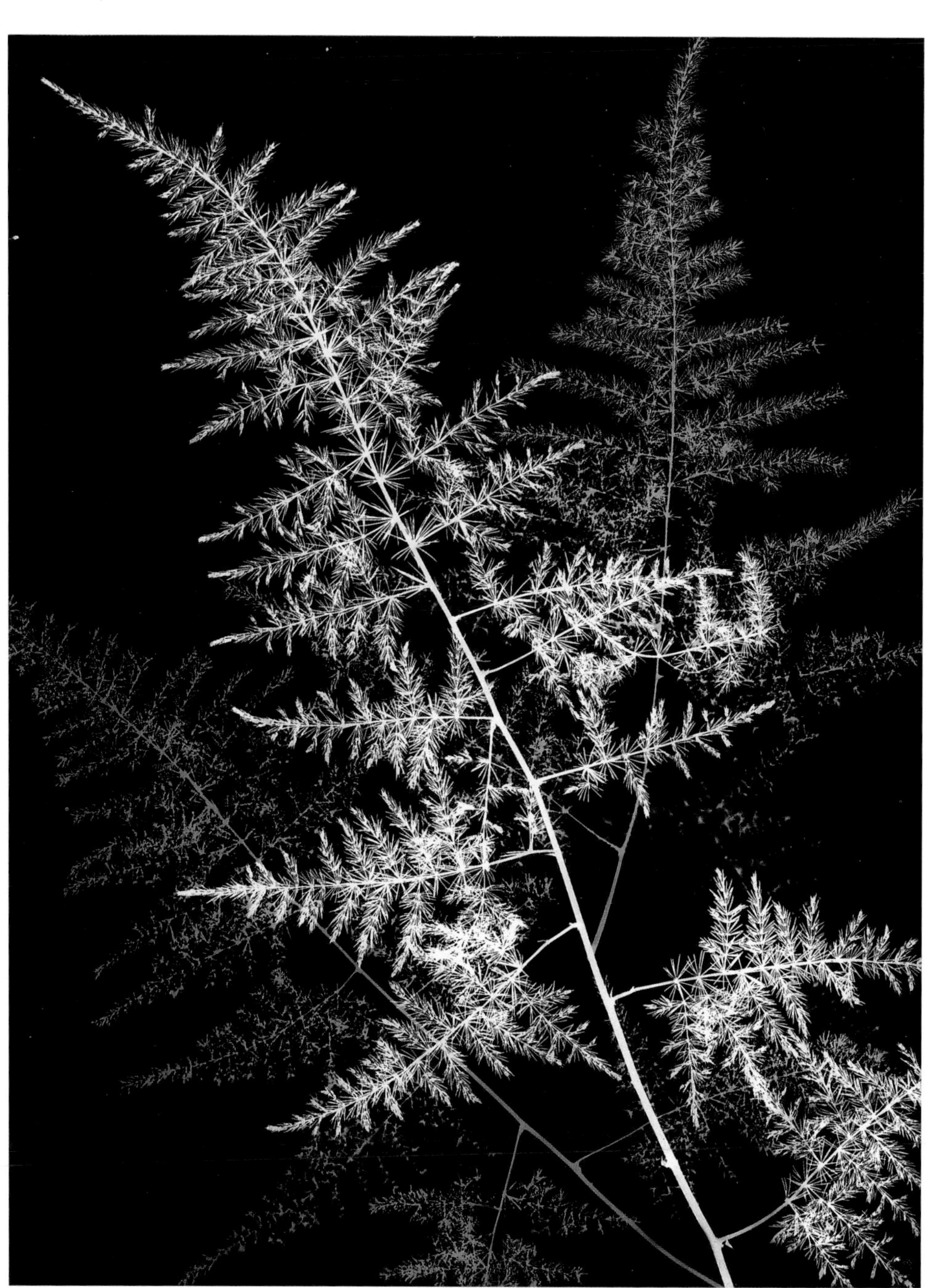

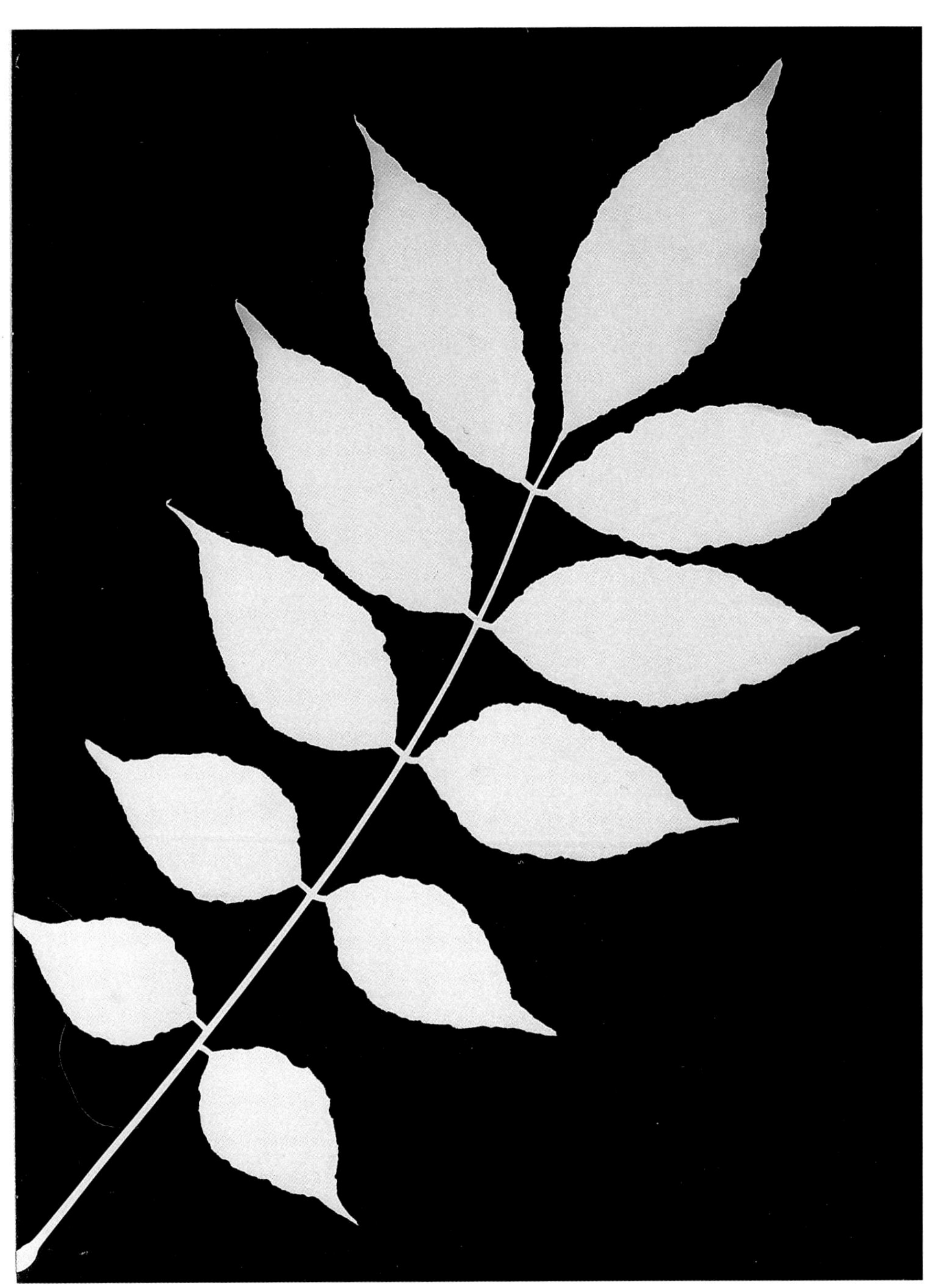

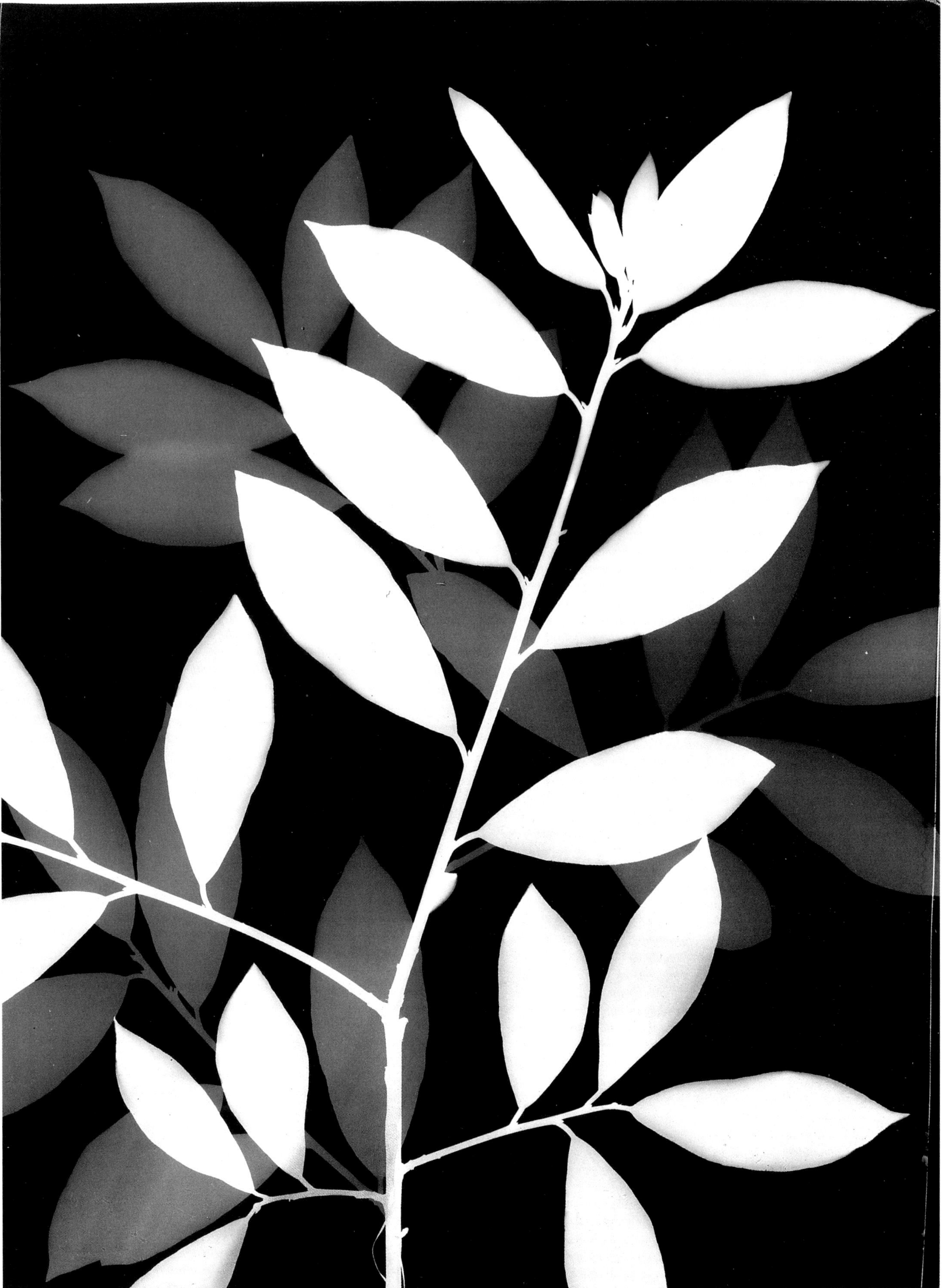

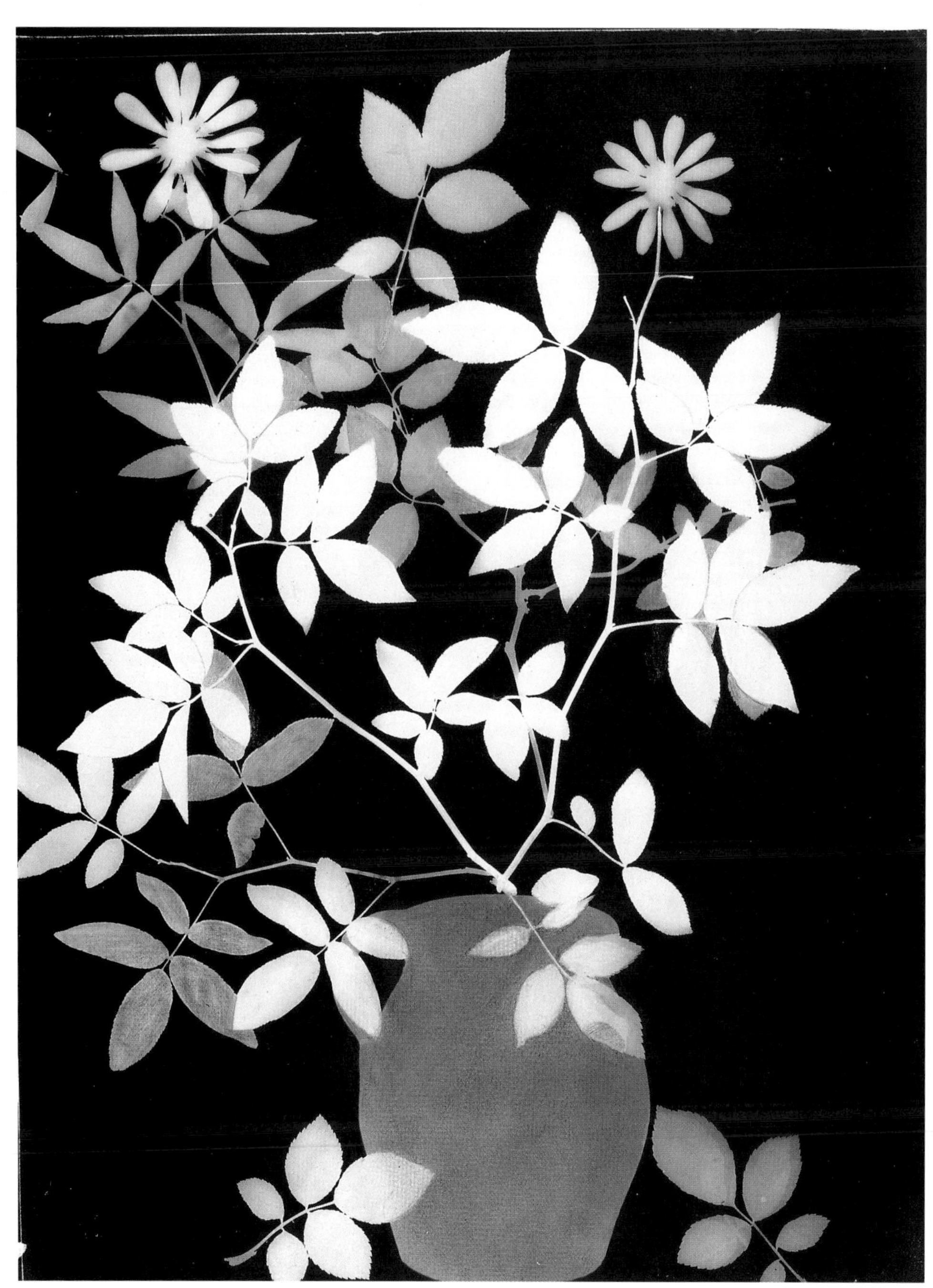

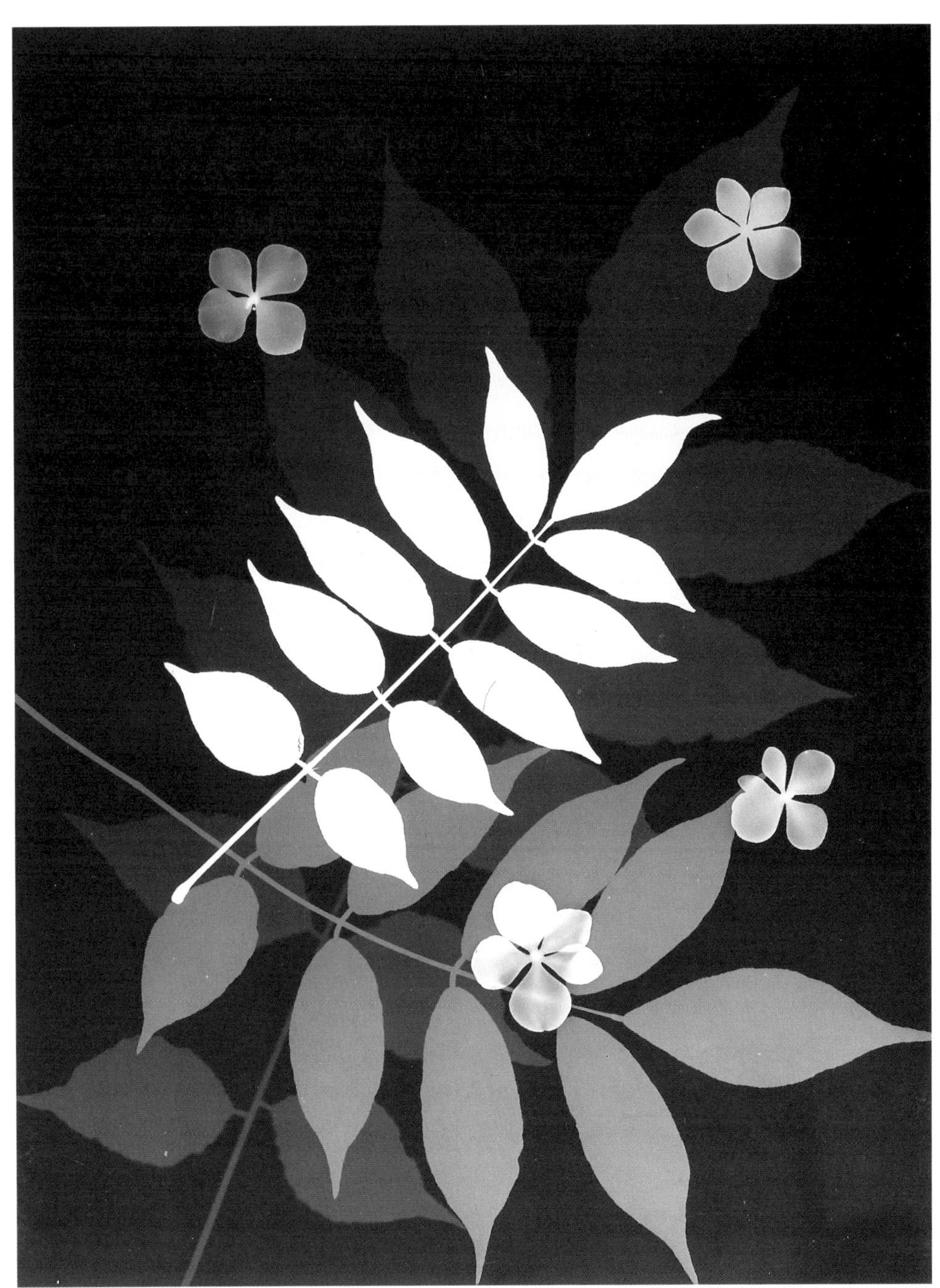

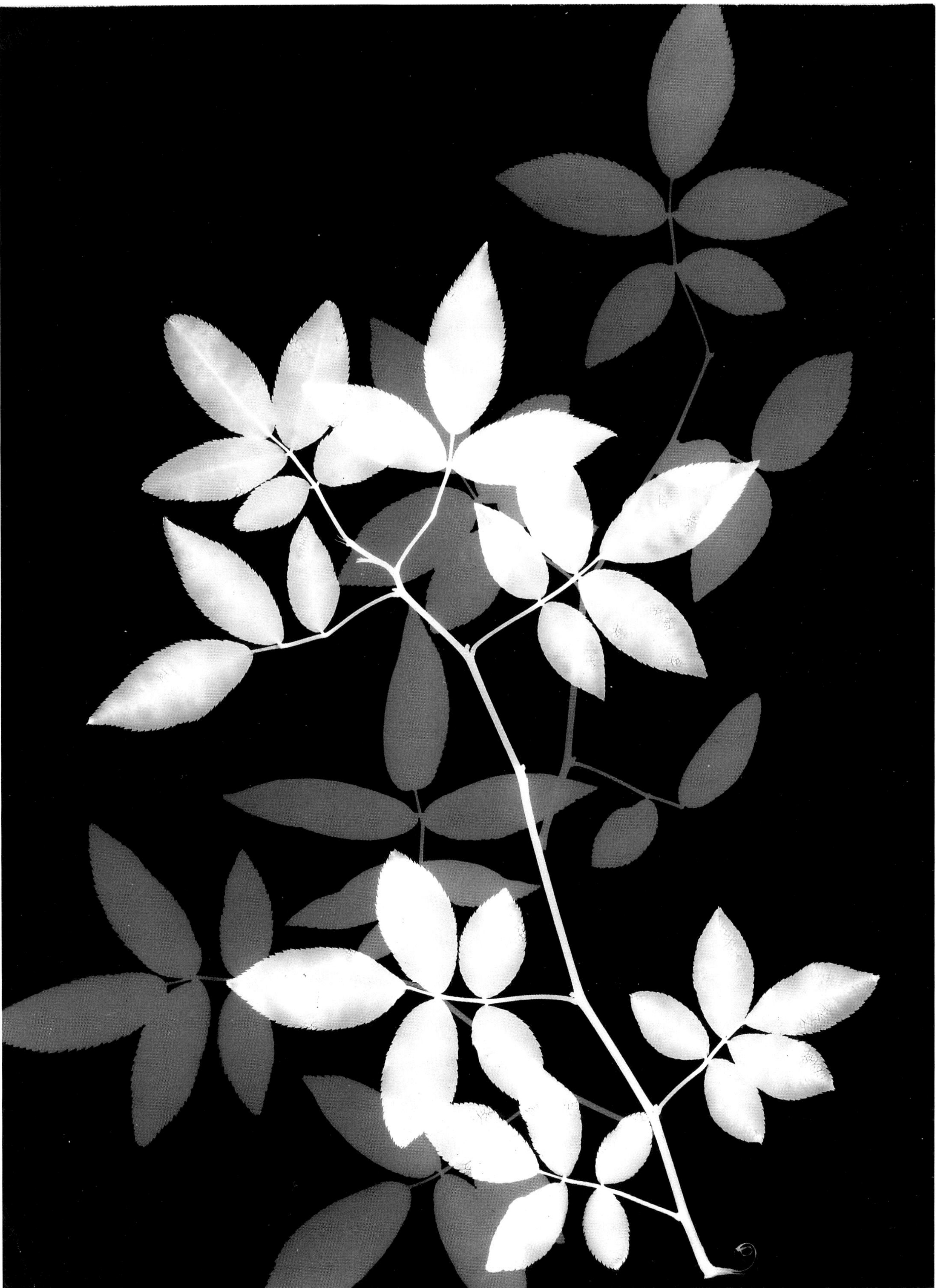

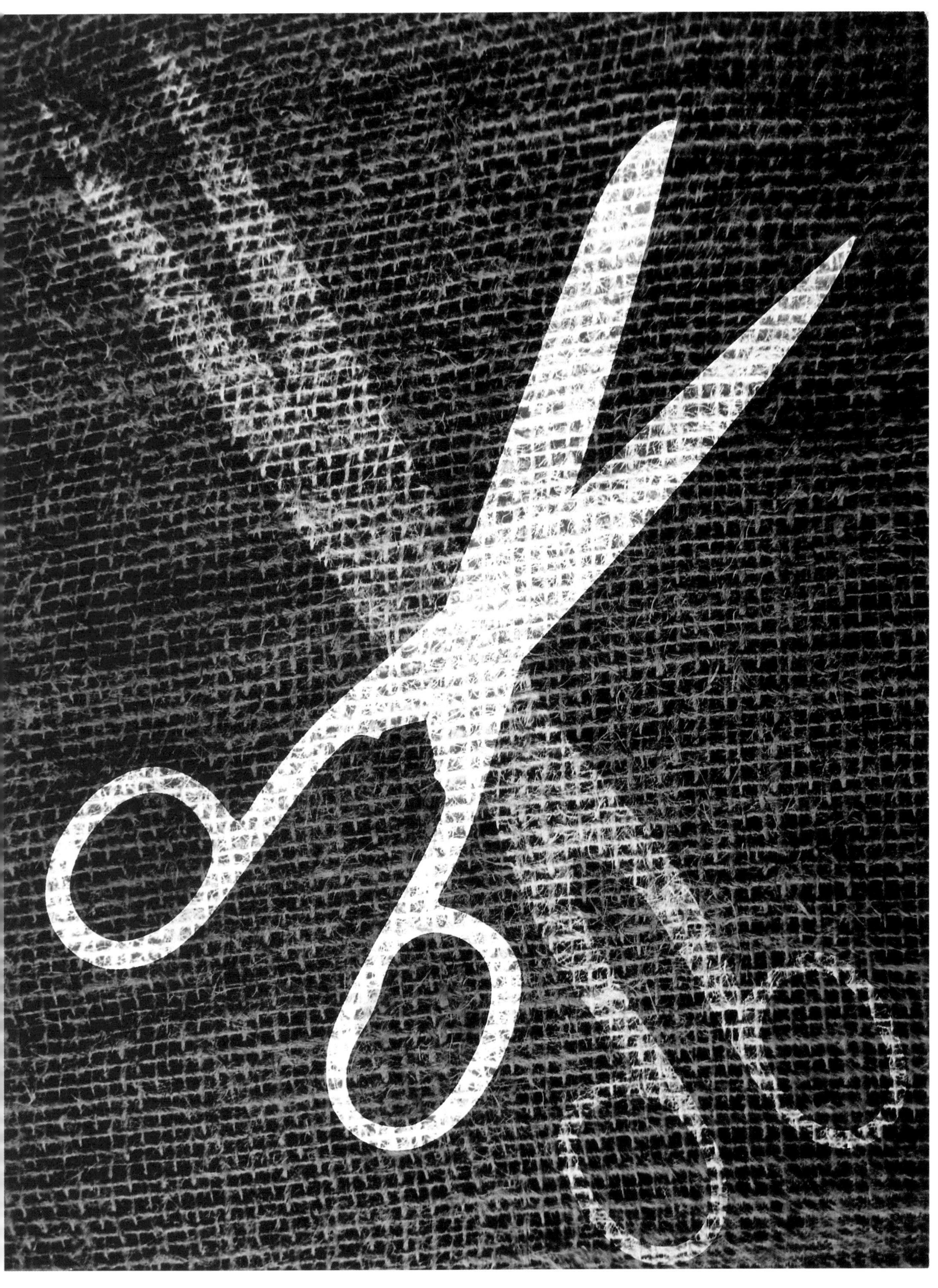

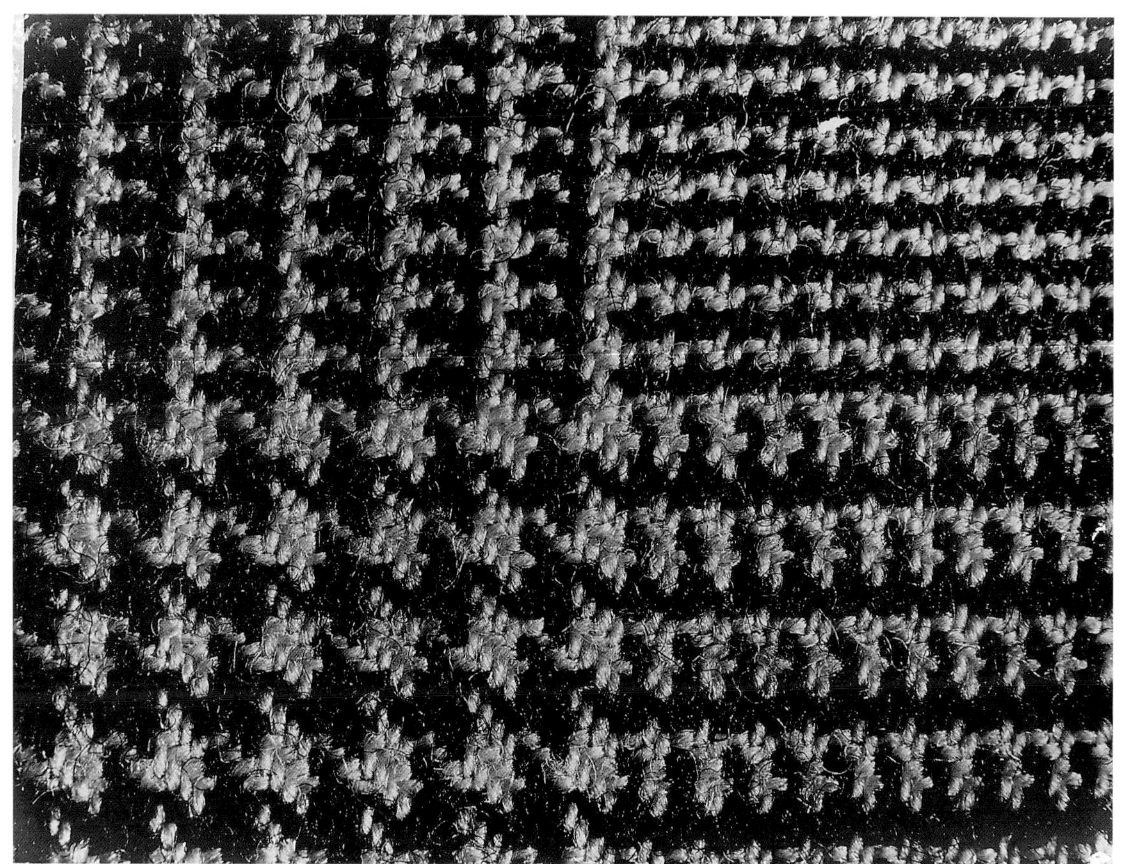

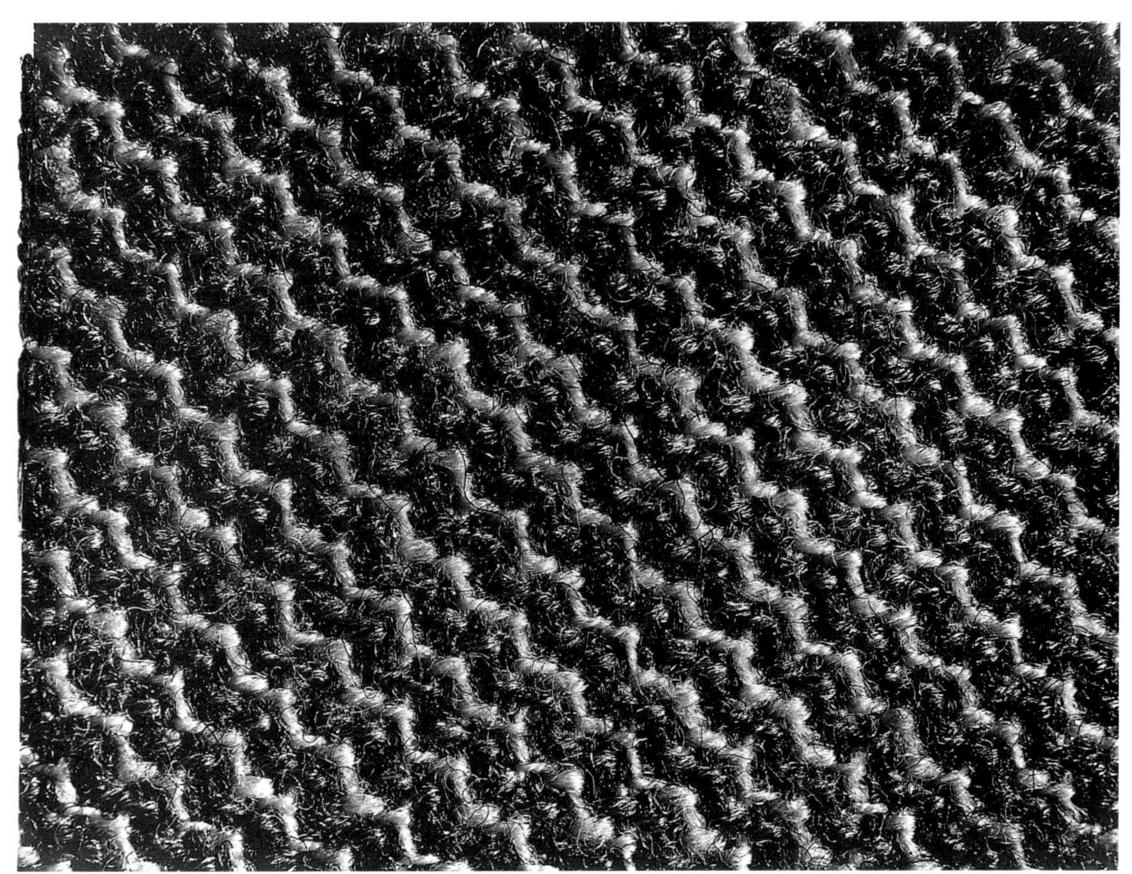

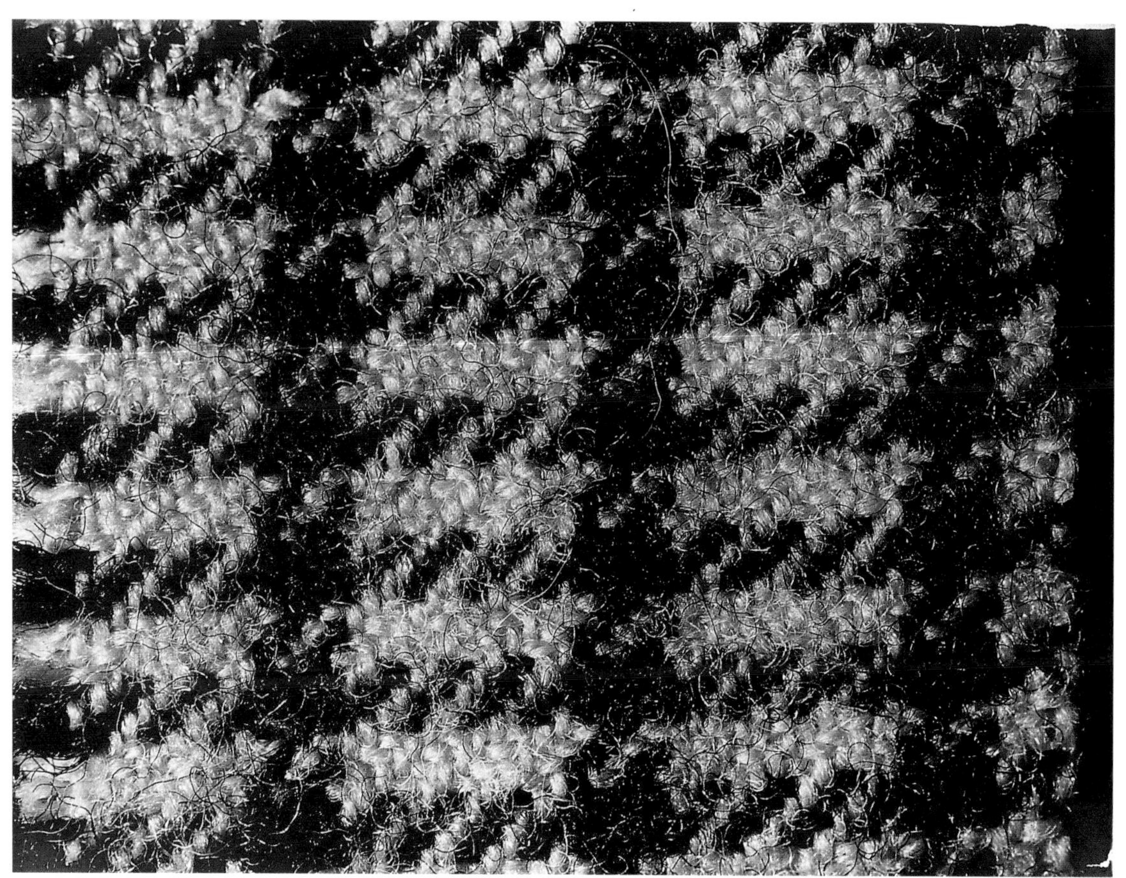

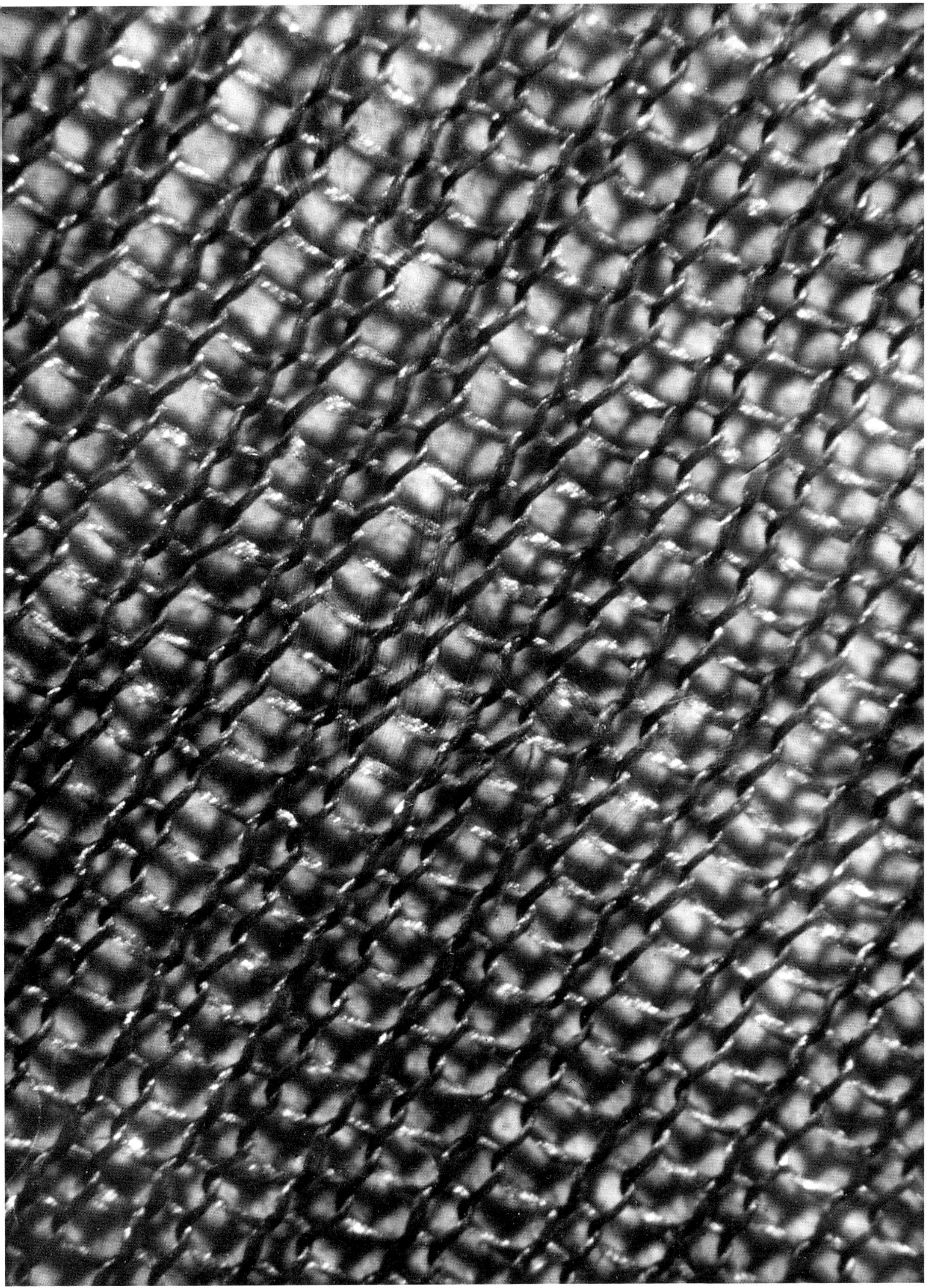

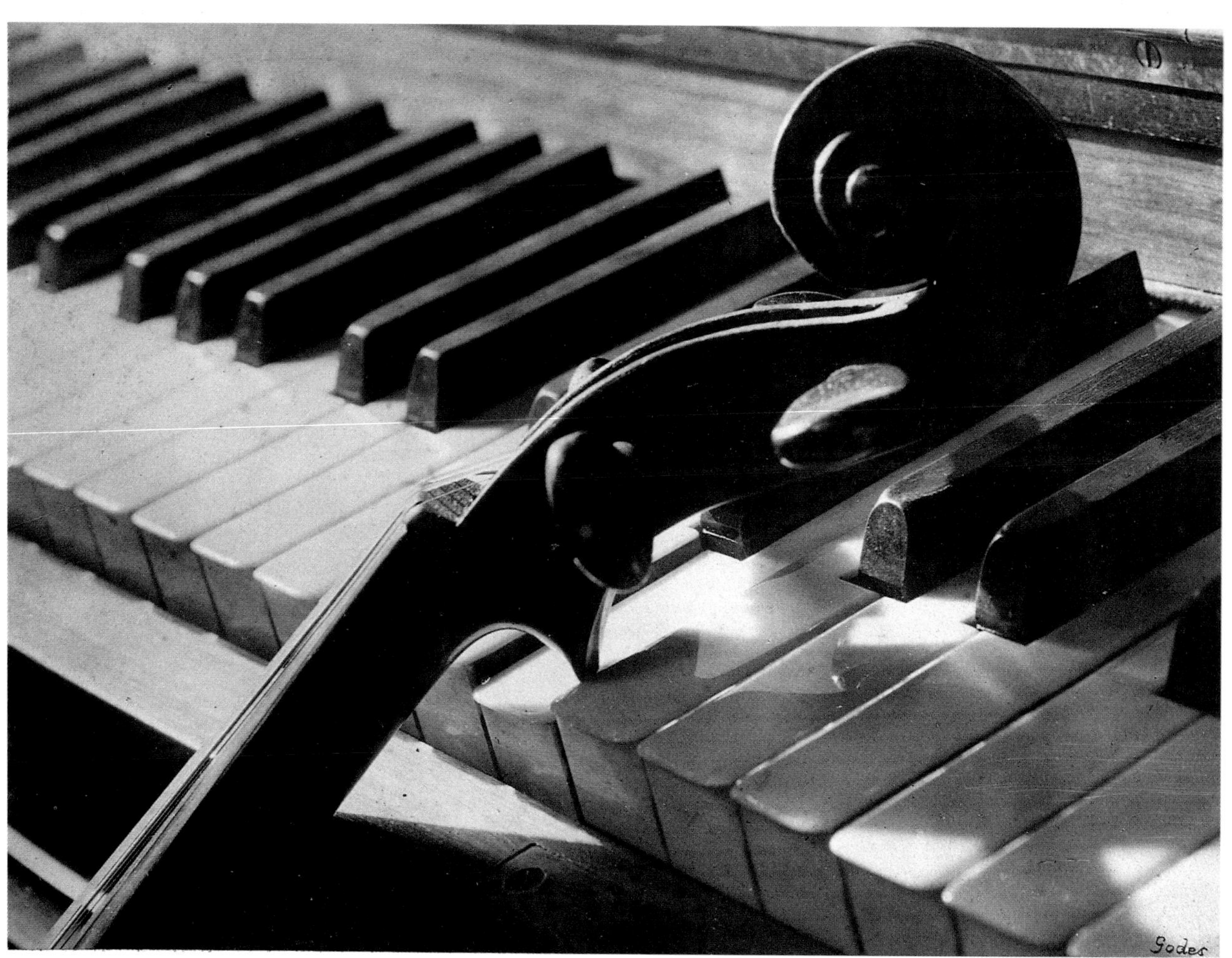
Godes

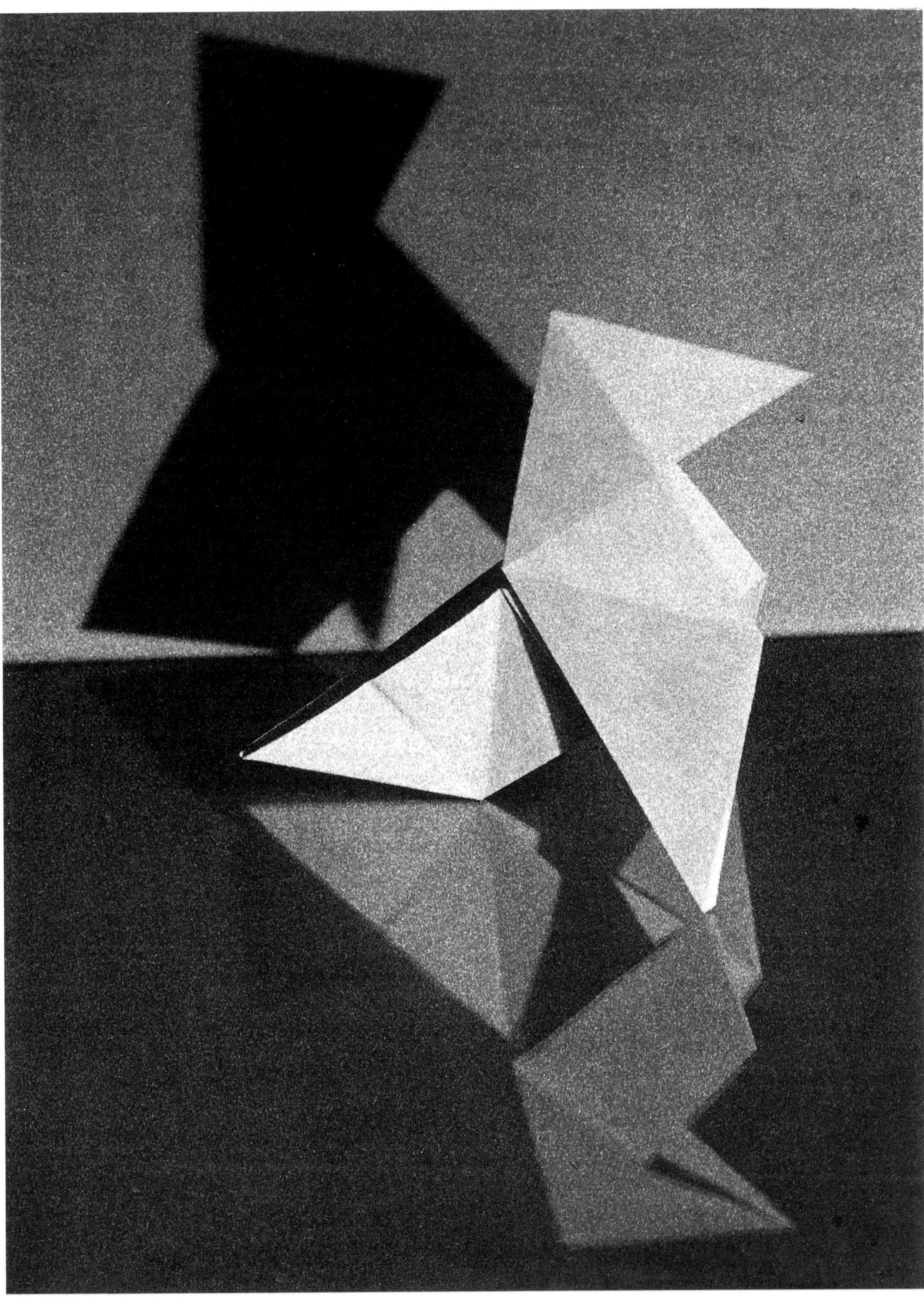

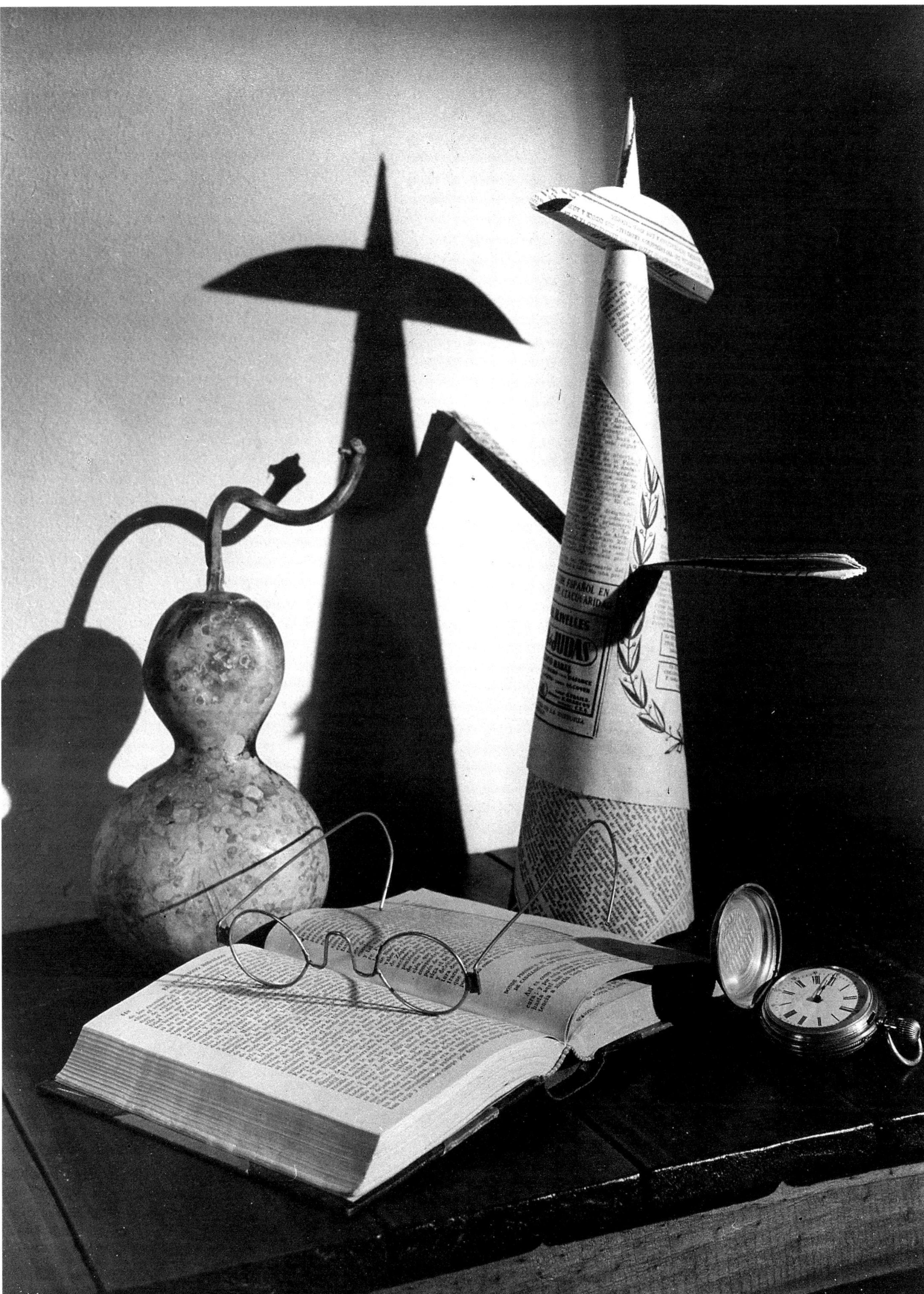

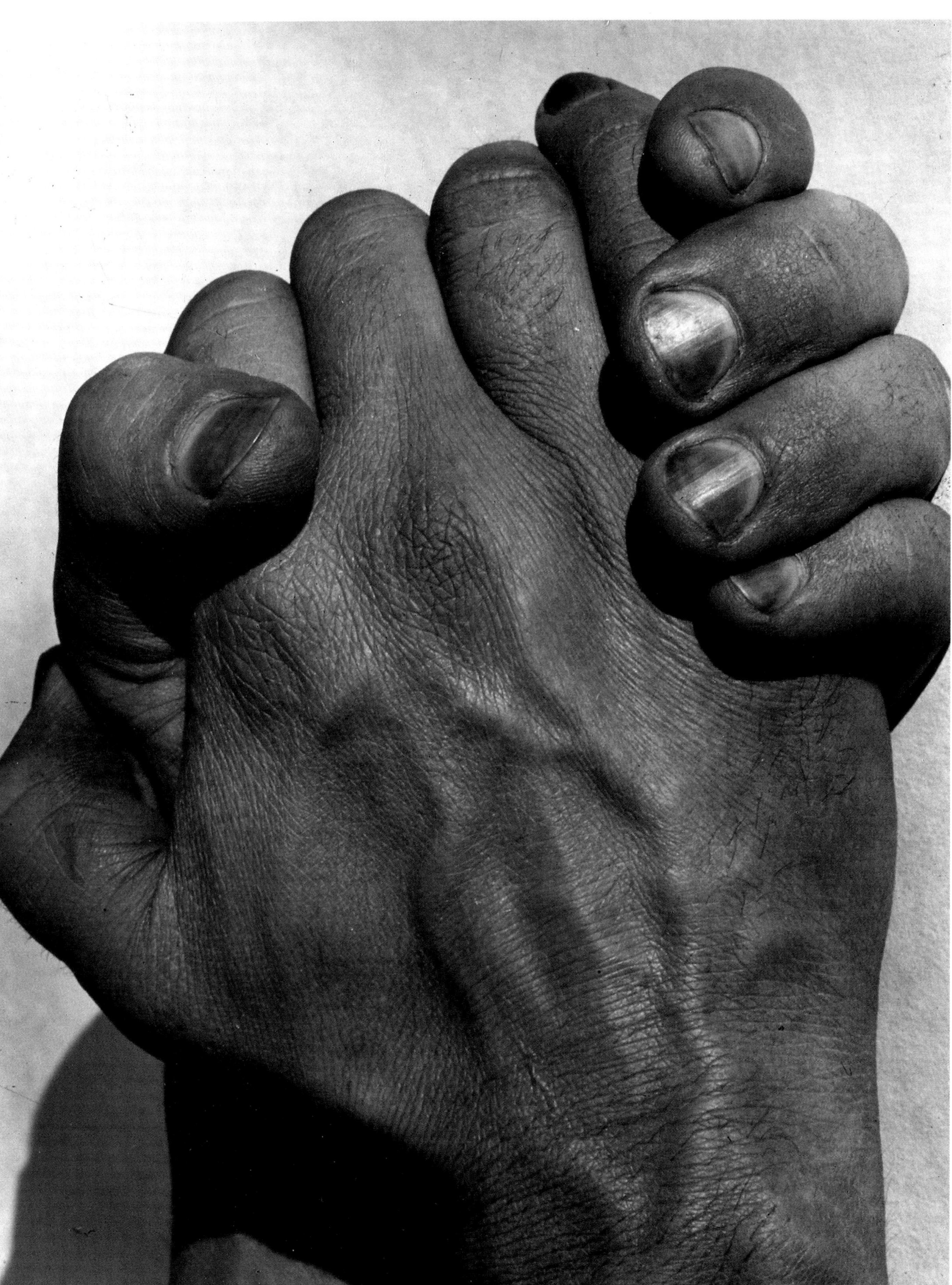

Llistat d'obres

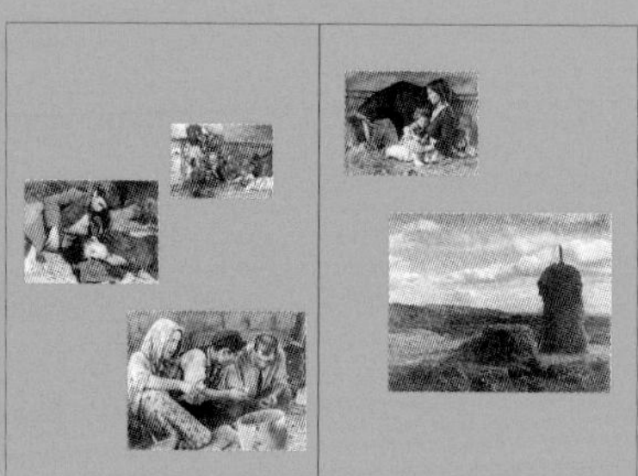

S/T. ca 1929.
Gelatina de plata. 27cm x 39cm
S/T. ca 1929.
Gelatina de plata. 29cm x 39cm
S/T. ca 1929.
Gelatina de plata. 29cm x 39cm
S/T. ca 1929.
Gelatina de plata. 29cm x 39cm
Capvespre. ca 1929.
Gelatina de plata. 35,5cm x 45,5cm

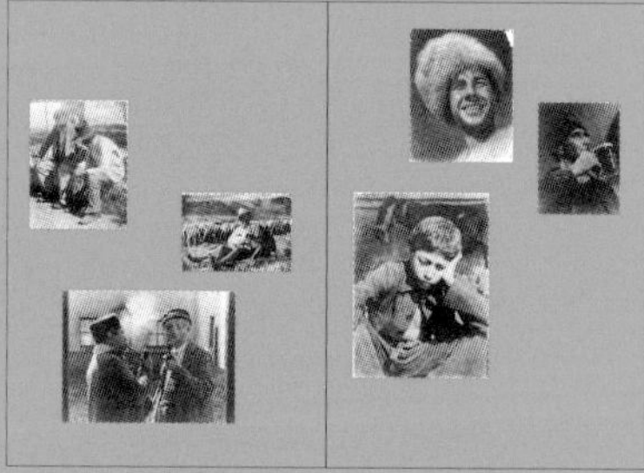

S/T. ca 1928.
Gelatina de plata. 45,5cm x 35,5cm
S/T. ca 1929.
Gelatina de plata. 27,5cm x 40cm
S/T. ca 1930.
Gelatina de plata. 29cm x 39cm
S/T. ca 1930.
Gelatina de plata. 30cm x 24cm
S/T. ca 1930.
Gelatina de plata. 39cm x 29cm
S/T. ca 1929.
Gelatina de plata. 39cm x 29cm

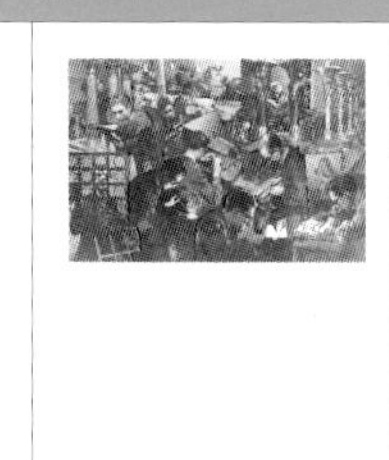

S/T. ca 1930. Fotomuntatge, gelatina de plata. 28,5cm x 43cm

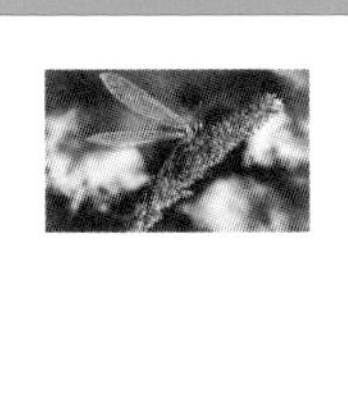
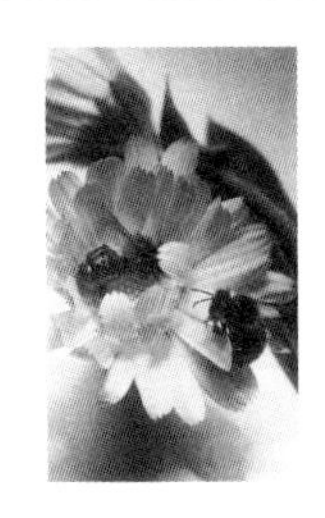

Formiga lleó. ca 1930.
Gelatina de plata. 26,5cm x 43,5cm
Abelles. ca 1930.
Gelatina de plata. 43,5cm x 26,5cm

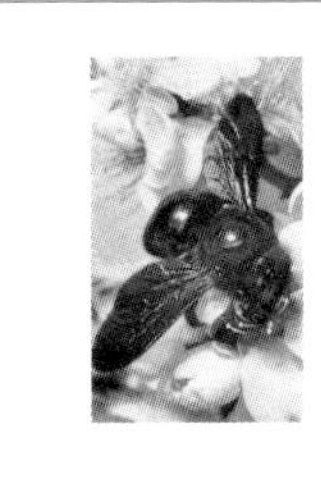

Abellot negre. ca 1930.
Gelatina de plata. 43,5cm x 26cm
Abellot. ca 1930.
Gelatina de plata. 40,5cm x 26cm

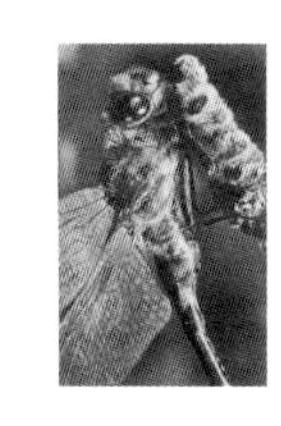
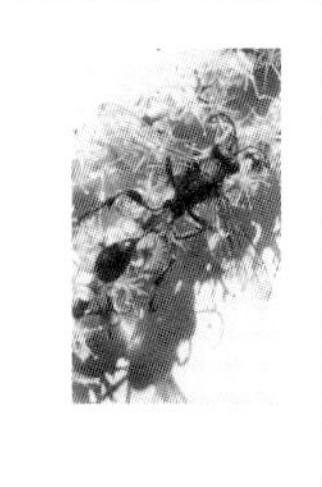

Espiadimonis. ca 1930.
Gelatina de plata. 42cm x 26,5cm
Vespa sorrera. ca 1930.
Gelatina de plata. 44,5cm x 27cm

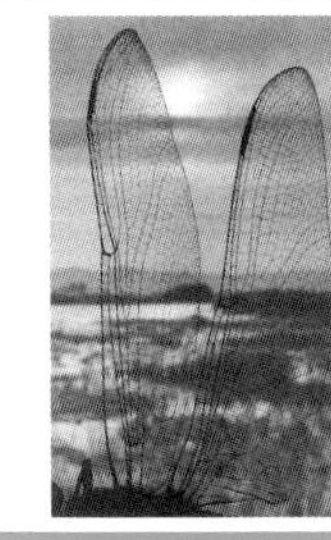

Paisatge a través d'ales de libèl·lula. ca 1930.
Gelatina de plata. 44cm x 26,5cm

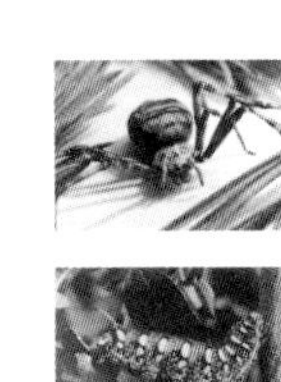

Aranya. ca 1930.
Gelatina de plata. 17,5cm x 23,5cm
Oruga. ca 1930.
Gelatina de plata. 27cm x 44cm
Marieta. ca 1930.
Gelatina de plata. 26,5cm x 42cm
Formiga. ca 1930.
Gelatina de plata. 26,5cm x 42cm

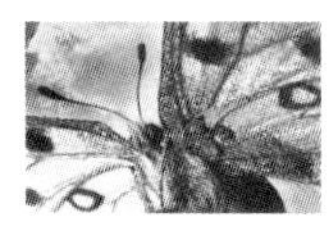
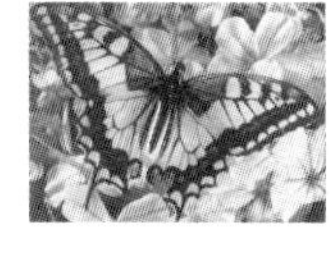

Papallona (detall). ca 1930.
Gelatina de plata. 26,5cm x 42cm
Papallona. ca 1930.
Gelatina de plata. 26,5cm x 36cm

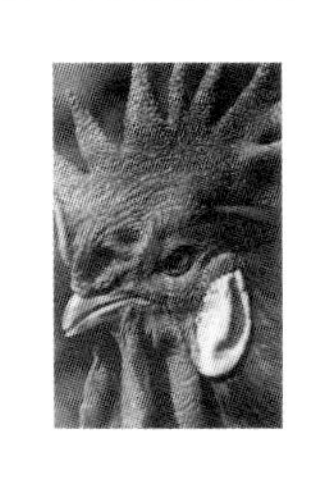

Gall. ca 1930.
Gelatina de plata. 41cm x 26,5cm

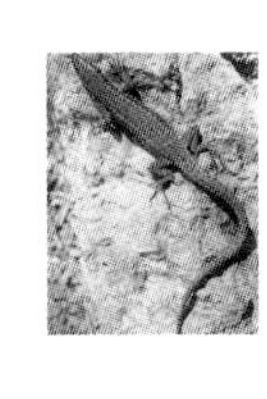

Llargandaix. ca 1930.
Gelatina de plata. 36cm x 27cm
Salamandra. ca 1930.
Gelatina de plata. 26,5cm x 42cm

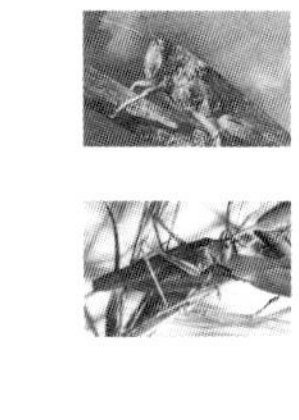
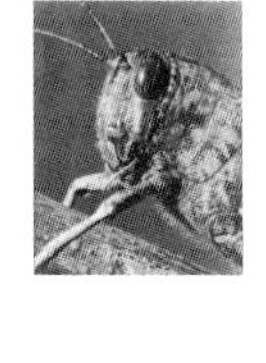

Llagosta (detall I). ca 1930.
Gelatina de plata. 26,5cm x 42cm
Llagosta. ca 1930.
Gelatina de plata. 26,5cm x 42cm
Llagosta (detall II). ca 1930.
Gelatina de plata. 28cm x 22cm

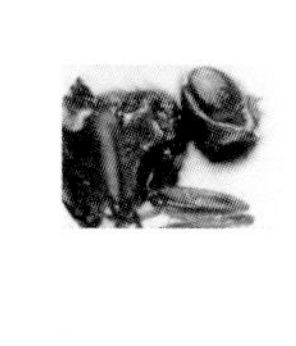
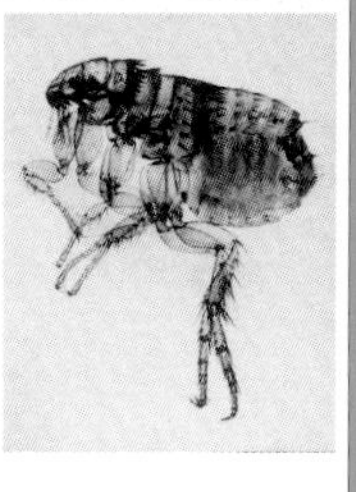

Cap de mosca. ca 1930.
Gelatina de plata. 17,5cm x 23,5cm
Puça. ca 1930.
Gelatina de plata. 35,5cm x 27,5cm

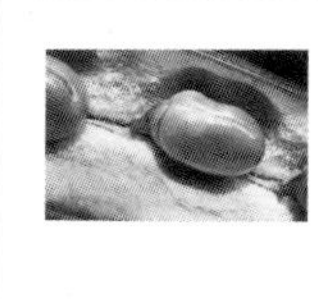

Fava. ca 1930.
Gelatina de plata. 26,5cm x 42cm
Pèsols. ca 1930, tiratge 1940's.
Gelatina de plata. 24cm x18cm

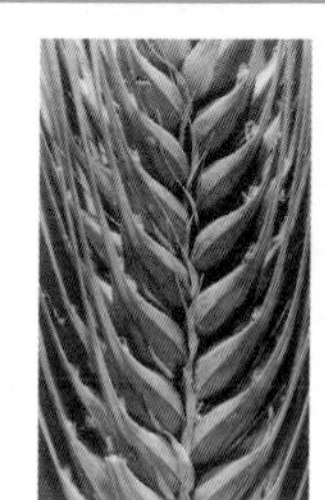

Espiga. ca 1930.
Gelatina de plata. 44cm x 26,5cm

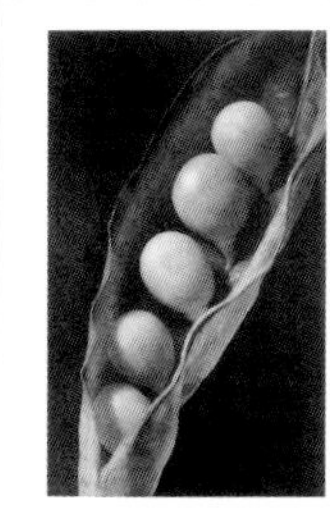

Pèsols. ca 1930.
Gelatina de plata. 44cm x 26,5cm
Col.lecció Juan Naranjo.

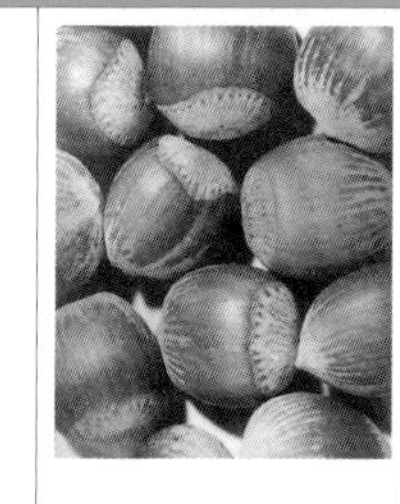

Avellanes. ca 1930.
Gelatina de plata. 23,5cm x 17,5cm

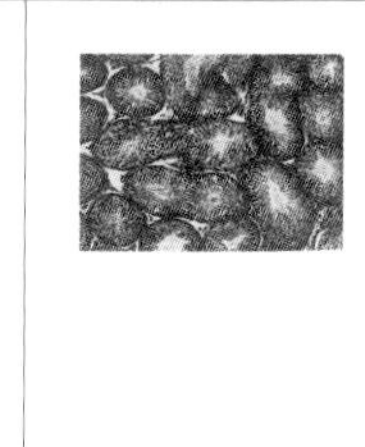

S/T. ca 1930.
Gelatina de plata. 29cm x 39,5cm

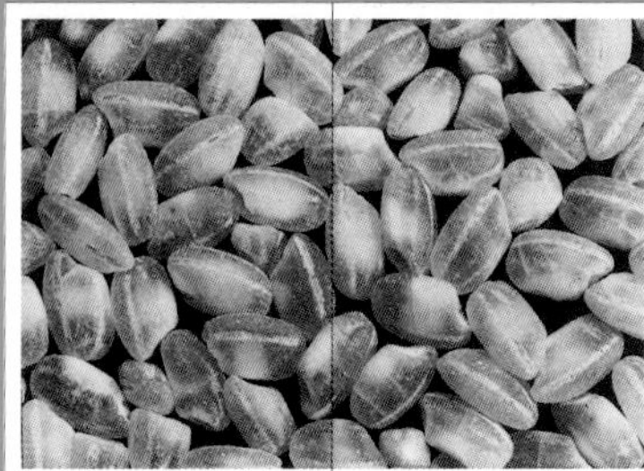

Arròs. ca 1930.
Gelatina de plata. 27cm x 39cm

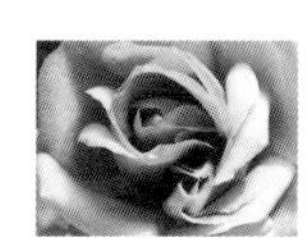

Rosa. ca 1930.
Gelatina de plata. 17cm x 23cm
Cactus. ca 1930.
Gelatina de plata. 26cm x 42cm

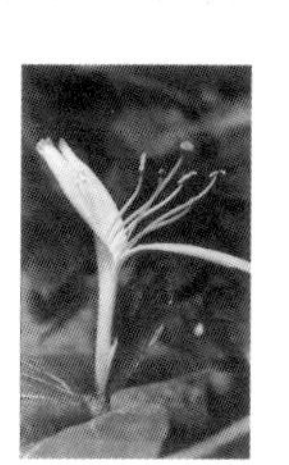

Flor de mareselva amb gota de rosada. ca 1930.
Gelatina de plata. 26,5cm x 44cm
Ponzella d'amatller (tall longitudinal). ca 1930.
Gelatina de plata. 44cm x 26,5cm

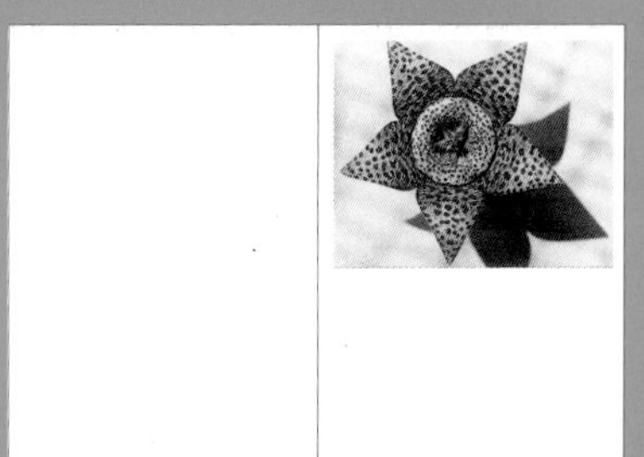

Cactus estrella. ca 1930.
Gelatina de plata. 22cm x 28cm

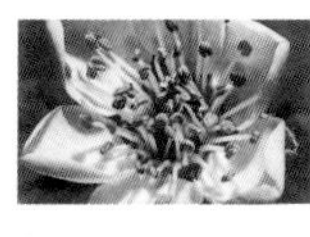

Flor d'amatller. ca 1930, tiratge del 1940's.
Gelatina de plata. 27,5cm x 43cm
Col·lecció Juan Naranjo.
Passionària. ca 1930.
Gelatina de plata. 26,5cm x 42cm

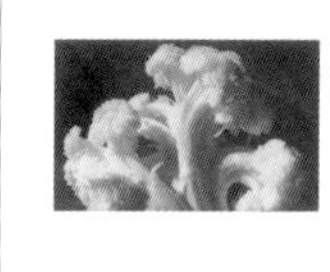
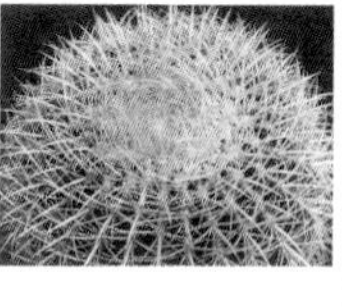

Col-i-flor. ca 1930.
Gelatina de plata. 26,5cm x 42cm
Cactus punxós. ca 1930.
Gelatina de plata. 17,5cm x 23,5cm

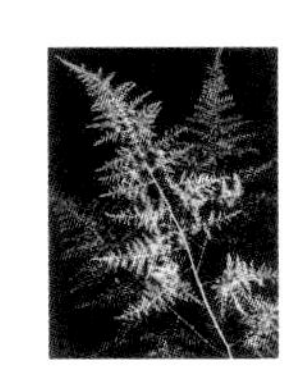
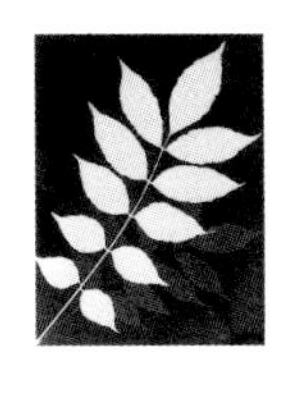

S/T. ca 1930. Fotograma,
gelatina de plata. 24cm x 18cm
S/T. ca 1930. Fotograma,
gelatina de plata. 24cm x 18cm

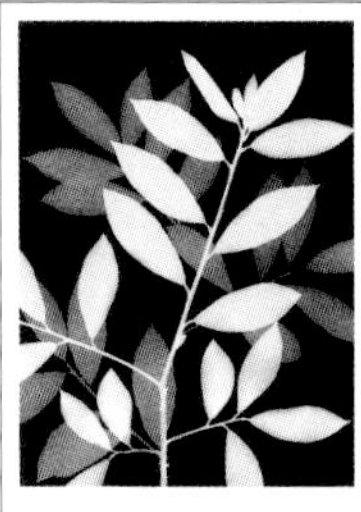

S/T. ca 1930. Fotograma,
gelatina de plata. 39,5cm x 29,5cm

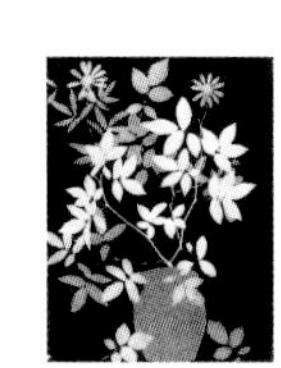
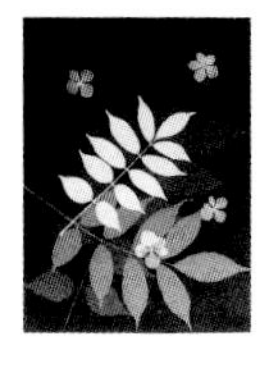

S/T. ca 1930. Fotograma,
gelatina de plata. 39,5cm x 29,5cm
S/T. ca 1930. Fotograma,
gelatina de plata. 24cm x 18cm

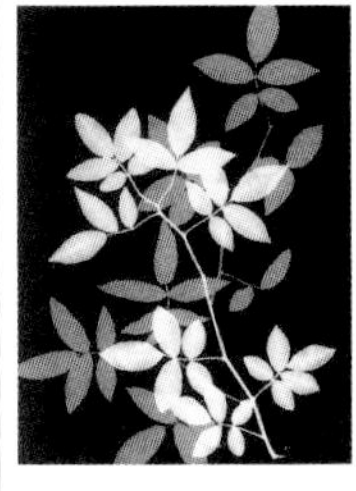

S/T. ca 1930. Fotograma,
gelatina de plata. 24cm x 18cm

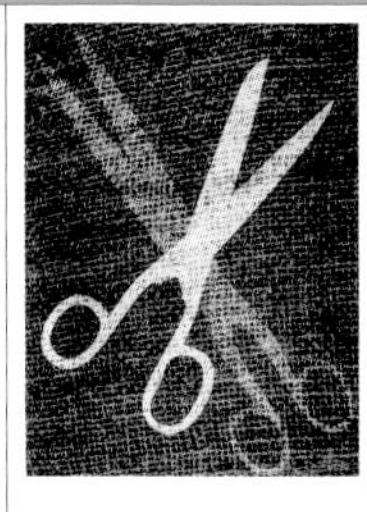

S/T. ca 1930. Fotograma,
Gelatina de plata. 24cm x 18cm

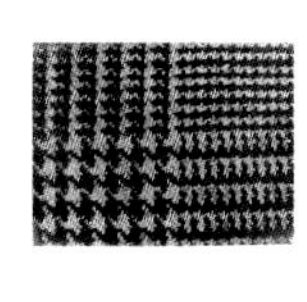
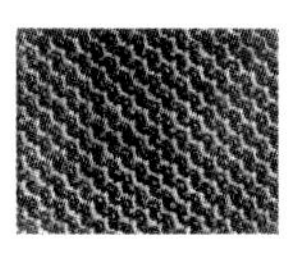

S/T. ca 1930.
Gelatina de plata. 29cm x 39,5cm
S/T. ca 1930.
Gelatina de plata. 29cm x 39,5cm

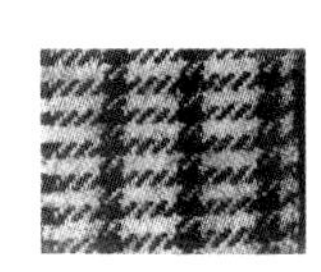
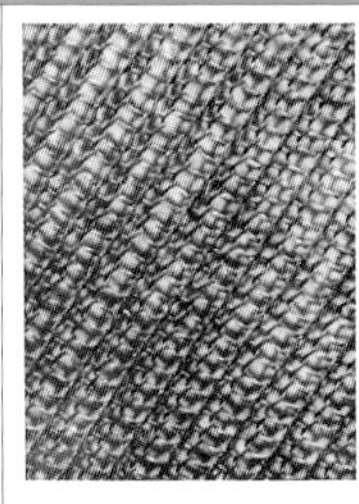

S/T. ca 1930.
Gelatina de plata. 29cm x 39,5cm
S/T. ca 1930, tiratge 1940's.
Gelatina de plata. 24cm x 18cm
Col·lecció Juan Naranjo

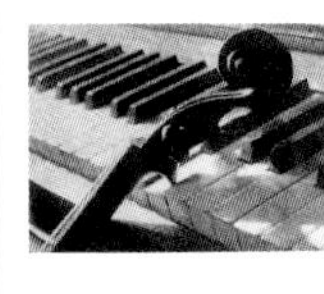

S/T. ca 1930.
Gelatina de plata. 21cm x 28,5cm
Ocell de paper. 1927.
Gelatina de plata. 28,5cm x 21cm

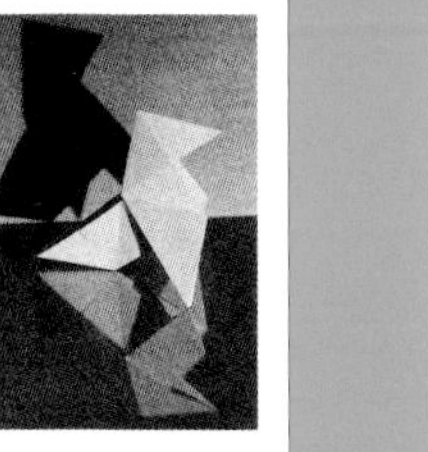

S/T. S/D.
Gelatina de plata. 37,5cm x 27,5cm

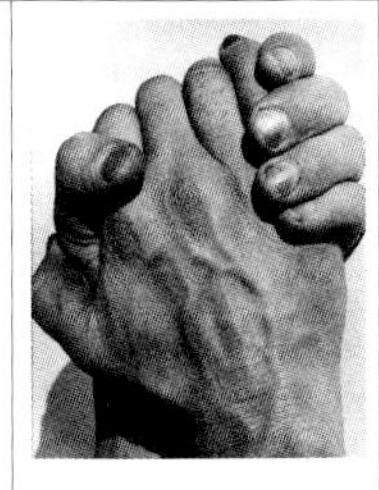

Mans. ca 1930.
Gelatina de plata. 28,5cm x 22cm
*Col·lecció Fons d'Art
de la Generalitat de Catalunya*

Les fotografies de la mostra reproduïdes en aquest catàleg
són tiratges originals d'època i, excepte aquelles indicades a la catalogació,
totes formen part de la col·lecció de la família Godes.